PILZGENUSS AUF NEUE ART

Pilze sind in jeder Hinsicht einzigartige Wesen: Ohne Blätter, Stängel und Wurzeln sowie ohne die Fähigkeit, Chlorophyll zu produzieren, bilden sie in unendlich vielfältiger Ausprägung neben Pflanzen und Tieren ein eigenes Reich in der Natur. Der Facettenreichtum in Größe, Form und Farbe ist dabei unermesslich. Makromyzeten, also Großpilze, sorgen nicht nur für das biologische Gleichgewicht in ihrem natürlichen Lebensraum, dem Wald. Als kulinarische Alleskönner bereichern sie seit Menschengedenken unseren Speiseplan, sind für jeden erschwinglich und ebenso einfach wie vielfältig in der Zubereitung. Viele Pilze bestechen bereits durch ihren appetitlichen Duft und können roh, gekocht, gegrillt oder gebraten genossen werden. Sie enthalten wenige Kalorien, sind dafür aber reich an Eiweißen, Mineralstoffen und Vitaminen.

Waldpilze zu sammeln ist ein unvergleichliches Naturerlebnis. Klangvolle Namen wie Wiesenchampignon, Steinpilz, Maronenröhrling, Stockschwämmchen, Herbsttrompete, Frauentäubling oder Krause Glucke verraten oft schon ein wenig über die Eigenarten des Sammelgutes. Bereits im Sommer und bis in den frühen Winter hinein lädt der Wald sammelnde Gourmets an sein reich gedecktes Büffet ein. Zuchtpilze hingegen haben das ganze Jahr über Saison und sind für den Genießer witterungsunabhängig immer erhältlich. Für das Naturprodukt Pilz werden auf Zuchtfarmen optimale Bedingungen geschaffen. Lassen sich auch nicht alle Pilze züchten, ist die Bandbreite an Champignon, Shiitake, Austernpilz, Kräuterseitling, Enoki, Pom-Pom blanc und mehr doch riesengroß. Zuchtpilze bieten neben dichtem, festem Fleisch noch weitere Vorzüge: Sie enthalten keine Umweltschadstoffe, es besteht keine Verwechslungsgefahr mit giftigen Artgenossen und sie müssen kaum geputzt werden.

Ob Wald- oder Zuchtpilze – ihr feines Aroma von mild bis würzig lässt die Herzen aller Feinschmecker höherschlagen. Wer um die Vorzüge der einzelnen Pilzarten weiß, dem öffnet sich eine reiche kulinarische Welt. Wir wollen nun das Tor zu einer neuen Genussdimension öffnen und zeigen die Welt der Pilze vor allem aus kulinarischer Sicht hautnah, stellen bekannte und weniger bekannte Pilze mit all ihren Eigenschaften und unterschiedlichen Aromen in Kurzporträts und Rezepten vor. Unsere Rezepte lassen durch harmonierende Zubereitungsarten oder neue, ungewöhnliche Zutatenkombinationen jede Geschmacksnuance hochintensiv erleben. Für Sie haben wir die feinsten Pilze zu Aromengruppen zusammengestellt und zeigen Ihnen, wie Sie bei der Zubereitung selbst ganz leicht kreativ werden. Ob als Haupt- oder Nebendarsteller, als Vorspeise oder süße Überraschung – unsere Pilzrezepte werden Ihre kühnsten Genusserwartungen übertreffen.

Wenn nicht anders angegeben, sind alle Rezepte für vier Portionen konzipiert.

WALD- UND WIESENPILZE

WALD- UND WIESENPILZE – WALD UND WIESE KOMMEN AUF DEN TELLER

Vom frühen Sommer bis in den späten Herbst bewundern wir auf Wiesen, im Wald oder am Waldesrand zu Füßen von Baumriesen oder auf deren Stümpfen in Gruppen oder allein die unglaublich vielfältigen Erscheinungsformen von Pilzen. Manch einer wagt sich an eine erste Bestimmung: Wie groß ist der Pilz, wie ist sein Durchmesser, wie ist seine Farbgebung? Bei der Hutform (konvex, kegelförmig, eingedrückt oder trichterförmig) und bei der Ausprägung des Hutrandes (wellig, eingerollt oder gerieft) ist bereits ein gutes Auge gefragt, ebenso bei der Betrachtung der Röhren, Stiele, Ringe, Manschetten, Lamellen, Netze oder Poren. All diese Merkmale gäben schon reichlich Auskünfte über den Pilz, doch Hand aufs Herz: Selbst mit einem guten Bestimmungsbuch in der Tasche ist es für den Sammler, den Anfänger zumal, immer noch schwierig genug, eindeutig Position zu beziehen und auf der sicheren Seite zu sein. Begleiten wir also lieber Brunhilde Noll, eine der zahlreichen zertifizierten Pilzsachverständigen der Deutschen Gesellschaft für Mykologie, wie sie im gesamten Bundesgebiet ehrenamtlich tätig sind. Sie geht mit Sammlergruppen in den Wald und leitet Interessierte gerne fachkundig an, um Erfahrungen und, last but not least, natürlich Pilze zu sammeln.

Was wir gemeinhin als Pilz bezeichnen und verzehren, ist eigentlich nur sein oberirdisch sichtbarer Fruchtkörper. In einer sporenbildenden Schicht – die etwa aus Lamellen oder Röhren besteht – wachsen Sporen heran. Fallen sie zu Boden, zum Beispiel bei erdbewohnenden Pilzen, bildet sich daraus das unterirdische Myzel, ein dichtes Gewirr aus vielen Myzelfäden. Verschmelzen diese, entsteht daraus wieder ein Fruchtkörper. Pilze lassen sich in vielfältiger Weise kategorisieren. Man unterscheidet sie etwa nach der Beschaffenheit ihrer Fortpflanzungsorgane in Ständerpilze und in Schlauchpilze. Die Parasiten unter den Pilzen schaden geschwächten Bäumen, indem sie deren Substanz befallen. Symbionten hingegen umgeben mit ihren feinen Myzelfäden die Wurzeln junger Bäume und sorgen so wechselseitig für eine dem Wachstum förderliche Zufuhr von Nährstoffen. Es würde an dieser Stelle zu weit führen, weitere Kategorien zu benennen, denn in erster Linie geht es hier um den Genuss. Hier interessiert uns zunächst vor allem die Verfügbarkeit der Pilze – wann und wo können wir sie finden? – und die Speisetauglichkeit unseres Fundes: giftig oder nicht! Welche Gaumenfreuden erwarten uns?

Unsere Sachverständige rät: „Auf der sicheren Seite sind Sie beim Pilzkauf auf dem Bauernmarkt oder dem Markt der Region – hier erhalten Sie garantiert saisonal frische Ware, von fachkundigen Händen gepflückt und von Kennern eindeutig bestimmt. Nutzen Sie doch die Gelegenheit und fragen Sie gleich Ihren Pilzexperten, was Sie schon immer über Pilze wissen wollten! Da wird nicht nur der Wissensdurst des Pilzinteressierten aus erster Hand gestillt, gern wird auch noch ein erprobtes Rezept kostenlos mit auf den Weg gegeben.“ Die Pilzberatungsstelle in Ihrer Nähe gibt natürlich Auskunft zu einem mitgebrachten Fund im Korb. Denn die Gefahr, gerade für noch unerfahrene Sammler, ist groß: Manche Giftpilze ähneln Speisepilzen frappierend. Die toxischen Wirkungen jedoch können von heftigem Erbrechen über Durchfall bis zu Fieber oder Halluzinationen reichen, im schlimmsten Fall wirken giftige Pilze tödlich. Stellen sich Beschwerden ein, sofort eine größere Klinik aufsuchen und wenn möglich Pilzreste mitnehmen. Besteht auch nur die geringste Unsicherheit, lassen Sie die Finger vom Pilz! Manche Pilze sind zwar nicht giftig, geringste Mengen davon aber können zum Beispiel so bitter schmecken, dass eine ganze Mahlzeit verdorben wird.

Wer aber nun das ganze Pilzerlebnis sucht, der mache sich auf in die Wälder der Umgebung – und zwar nicht, ohne sich vorher über Saison und mögliche Standorte der Pilze informiert zu haben! Am besten tut er dies im Rahmen einer geführten Pilzwanderung, bis er selbst genügend praktische Erfahrung gesammelt hat. Gute Ausrüstung ist in diesem Fall besonders wichtig: festes Schuhwerk, um auch ins Gelände vordringen zu können, und ein Korb, um die gefundenen Schätze unbeschädigt und gut belüftet nach Hause zu transportieren. Beim Sammeln die Pilze vorsichtig herausdrehen, nicht abschneiden – wichtige Erkennungsmerkmale werden sonst leicht übersehen, wie etwa die Knolle beim giftigen Knollenblätterpilz. Dann den Standort wieder verschließen. Ernten Sie nur, was Sie auch wirklich verzehren möchten!

In der Küche werden die Schätze sanft, aber gründlich von allem befreit, was den Genuss trüben könnte, gegebenenfalls auch vom Stiel. Die Reinigung erfolgt mit einem Pinsel, einem feuchten Tuch oder sehr wenig Wasser, damit das Aroma nicht verloren geht. Wildpilze können nicht roh verzehrt werden, sondern müssen gegart werden. All das wird in den einzelnen Pilzsteckbriefen genau erklärt. Pilze zu sammeln ist eine ganz besondere Leidenschaft, die einen nicht mehr loslässt: „Einmal geimpft, immer kontaminiert“, lautet ein alter Pilzsammlerspruch.

10

WIESENCHAMPIGNON

Agaricus campestris, der beliebte Speisepilz – sein Verwandter, der Zuchtchampignon, gehört in Deutschland zu den am häufigsten gekauften Speisepilzen –, ist auch unter den Bezeichnungen „Feldegerling“ oder „Wiesenegerling“ bekannt. Er hat recht lange Saison, nämlich von Mai bis Ende Oktober. Der Wiesenchampignon gehört zur Familie der Agaricales, also der Champignonartigen. Der Pilz ist relativ klein, sein Hut hat einen Durchmesser von 6 bis 9 cm und die Lamellen lassen sich nicht vom Hut abtrennen. Bei jungen Wiesenchampignons hat der Hut eine kugelige Form, die sich später flach wölbt. Der Stiel ist leicht ablösbar und etwa 5 bis 7 cm lang mit einem Durchmesser von 1 bis 2 cm. Am Stiel und bisweilen auch noch am Hut hängt ein schwach ausgeprägter Hautring, der sich nach oben abziehen lässt. Das Pilzfleisch ist weiß, es nimmt jedoch nach dem Anschnitt eine schwach rosafarbene Tönung an. Die Lamellen sind bei jungen Exemplaren rosafarben und werden bei älteren Pilzen bräunlich. Die Sporen des Wiesenchampignons sind von einem dunklen Braun. Zu finden ist der Champignon auf Wiesen, Feldern, Weiden und an Wegrändern. Auf von Pferden oder Schafen beweideten Flächen tritt er oft in großer Zahl in „Hexenringen“ (nahezu exakt rund bewachsenen Flächen) auf.

Ist der Duft des Wiesenchampignons eher unauffällig, überrascht er geschmacklich angenehm mit einem dezent nussigen Aroma. Nicht nur deswegen ist er in der Küche so beliebt: Frisch geschnitten und sauber geputzt ist der Pilz ein wahrer Tausendsassa – von roh bis gebraten schmeckt er in unzähligen Zubereitungen und sorgt mit seinem hellen Fruchtkörper für kleine Lichtblicke in jeder Mahlzeit. Darüber hinaus lässt sich der Champignon für spätere Zubereitungen sehr gut einfrieren und trocknen.

Eine Verwechslung ist möglich mit dem Schafchampignon, der zwar auch essbar ist, aber nach Anis und Bittermandel riecht. Beim Anschnitt läuft er leicht gelb an. Der giftige Karbolchampignon ist ihm leider auch sehr ähnlich; dieser riecht allerdings auffällig nach Karbol und sein Fleisch läuft beim Reiben chromgelb an.

BLEIGRAUER BOVIST

Bovista plumbea, der Bleigraue Bovist, ist als junger Pilz nicht nur ein guter Speisepilz, sondern im Sommer und im Herbst zuhauf auf Wiesen, Weiden, an Grashängen und im Grünland zu finden. Der auch Eierbovist genannte Pilz gehört zur Familie der Champignonverwandten, der Agaricaceae.

Sein Fruchtkörper ist meistens rundlich-oval und hat keinen Stiel, dabei ist er eher breit als hoch, die Form kann bisweilen auch rund bis birnenförmig sein. Im Durchmesser kann er etwa 3 bis 10 cm groß werden. Die Außenhaut des Bleigrauen Bovisten ist glatt, weiß und dick wie Leder. Sie wird mit zunehmendem Alter von Furchen durchzogen. Stellenweise löst sich die Haut wie eine Eierschale in Stücken ab (daher der Name des Pilzes) und fällt dann ab. Unter der äußeren Schicht verbirgt sich eine dünne, zunächst weiße und glatte Schicht, die sich bei älteren Pilzen ins Braungraue, fast Schwarze verfärbt. Die Häute schützen das im jungen Zustand weiße, festfleischige Innere, das auch nur jung verspeist werden sollte; im Alter wird es zunächst wässerig, dann trocken und rotbraun. Aus einer schmalen Öffnung ungefähr in der Mitte des Hutes treten die olivbraunen Sporen zutage und verbreiten sich.

Der Duft des Pilzes ist eher schwach. Er ist wohlschmeckend, sein Aroma erinnert schwach an Kalbfleisch. In Scheiben geschnitten und im Wechsel mit zartem Fleisch auf Spießen zubereitet, schmeckt der Eierbovist köstlich. Er lässt sich leicht braten und harmoniert wunderbar mit Champignons. Es ist ratsam, den Pilz frisch zu verzehren. Verwechselt werden kann er eigentlich kaum, denn der entfernt ähnliche, leicht giftige Kartoffelbovist ist von Anfang an bräunlich. Er unterscheidet sich nicht nur in der Farbe stark vom Bleigrauen Bovist, er riecht auch ausgesprochen unangenehm.

WIESENCHAMPIGNONS IN SCHWÄBISCHEM PFITZAUF

Für 12 Pfitzauf-Förmchen: 250 g Wiesenchampignons · 250 g doppelgriffiges Mehl · 500 ml Milch · 4 Eier · 1 Prise Salz · 3 EL zerlassene Butter · Fett für die Förmchen

Den Backofen auf 200 °C vorheizen.

Die Wiesenchampignons putzen und mit Küchenpapier abreiben. Von den Stielen Erdreste entfernen. Die Pilze in gleich große Scheiben schneiden. Die Pfitzauf-Formen gut einfetten und die Champignons darin verteilen.

Aus Mehl, Milch, Eiern und Salz einen glatten Teig rühren. Zum Schluss die zerlassene Butter unterrühren. Die mit Champignons gefüllten Pfitzauf-Formen mit dem Teig füllen. Ganz wichtig: Den Teig nur bis zur Hälfte der Förmchen einfüllen, da er sich im Ofen mehr als verdoppelt. Während des Backens die Ofentür nicht öffnen.

Nach 45 Minuten Backzeit den Ofen ausschalten, aber den Pfitzauf noch 10 Minuten im Ofen ruhen lassen. Die Kuchen lassen sich leicht aus den Formen herausdrehen. Sie werden traditionell mit zwei Gabeln „gerupft“ – dazu schmeckt ein bunter Gartensalat.

WIESENCHAMPIGNONS IN SCHWÄBISCHEM PFITZAUF

EIERBOVIST UND SCHWEINEFLEISCH AM SPIESS

EIERBOVIST UND SCHWEINEFLEISCH AM SPIESS

4 kleinere oder 2 größere Eierboviste · 3 Eier · 200 g Paniermehl · ½ rote Paprika · ½ gelbe Paprika · 400 g Schweinelende · 4 Schalotten · 2 Thymianzweige · 2 EL rotes Tomatenpesto · Butterschmalz zum Braten · Salz · frisch gemahlener schwarzer Pfeffer

Die Eierboviste abbürsten und in dicke Scheiben schneiden, salzen und pfeffern.

In einer Schüssel die Eier schaumig verquirlen. Das Paniermehl auf einen Teller geben. Die Pilzscheiben durch die Eier ziehen und dann beidseitig panieren.

Die Paprika putzen und in mundgerechte Stücke schneiden, beiseitelegen. Die Schweinelende waschen, mit Küchenpapier trocken tupfen, Fett und Sehnen abschneiden. In gleichmäßige Scheiben schneiden, die zu den Pilzstücken passen, und gut würzen. Die Schalotten schälen und der Länge nach vierteln.

In einer Pfanne das Butterschmalz bei hoher Temperatur erhitzen und die Schweinelendenstücke darin anbraten. Die Temperatur reduzieren und alle Stücke gleichmäßig durchbraten.

Zum Schluss die Schalottenviertel zugeben und glasig werden lassen. Die Thymianzweige waschen, trocken schütteln und die Blättchen abzupfen. Den Thymian über das Fleisch streuen, dann die Pfanne nur noch warm halten.

In einer weiteren Pfanne bei mittlerer Temperatur Butterschmalz zerlassen und die Bovistscheiben darin auf beiden Seiten goldgelb braten.

Auf Spieße abwechselnd Paprika, Pilze, Schweinelende und Schalottenviertel stecken. Zum Dippen rotes Tomatenpesto und als Beilage Reis oder kräftiges Brot reichen.

BOVISTTOAST

200 g Eierboviste · 2 Schalotten · 1 Knoblauchzehe · 2 TL Butter · 2 EL trockener Weißwein · 250 g Sahne · 1 Msp. frisch geriebene Muskatnuss · ½ Bund Schnittlauch · Vollkorntoast nach Belieben · Salz · frisch gemahlener schwarzer Pfeffer

Die Pilze putzen und würfeln. Schalotten und Knoblauch schälen und fein würfeln.

In einer Pfanne bei mittlerer Temperatur die Butter zerlassen, die Schalotten und den Knoblauch darin glasig werden lassen. Die Pilze zugeben und für einige Minuten darin schmoren. Mit Weißwein ablöschen und kurz zugedeckt köcheln lassen.

Die Sahne zugießen und alles abgedeckt unter gelegentlichem Rühren weiterköcheln, bis die Flüssigkeit etwas reduziert ist. Gut mit Muskatnuss, Salz und Pfeffer würzen.

Den Schnittlauch waschen, trocken schütteln und in feine Röllchen schneiden.

Das Brot toasten, die Scheiben auf einer Platte anrichten und die Pilze mit der Sahnesauce darauf verteilen. Zum Schluss mit Schnittlauch garnieren.

STEINPILZ

Der **Boletus edulis**, auch „Herrenpilz“ oder „Fichtensteinpilz“ genannt, hat Saison von Juli bis Ende Oktober. Der Bodenbewohner gehört zur Gruppe der Mykorrhiza – in Symbiose mit anderen Pflanzen lebende Pilze – und kann eine beachtliche Größe erreichen: Sein hell- bis rotbrauner, gewölbter Hut kann einen Durchmesser von 8 bis 25 cm erreichen. Die Röhren des Steinpilzes – er gehört zur Familie der Boletales, also der Röhrenpilze – sind anfangs weiß, später zwischen gelb und oliv changierend und leicht vom Hut abtrennbar. Der Stiel setzt sich sehr klar vom Hut ab und erreicht eine Länge zwischen 5 bis 15 cm, dabei kann er 3 bis 6 cm dick werden. Bei jungen Pilzen ist der Stiel zuerst bauchig, fast rund, um später eine keulenförmige oder zylindrische Form anzunehmen. Steinpilzsporen sind olivbraun. Die Fleischfarbe des Steinpilzes ist cremig-weiß, unter der Huthaut rötlichbraun. Jung ist der Steinpilz von fester Konsistenz, wird aber später sehr schwammig. Zu finden ist er sowohl in Laub- als auch in Nadelwäldern und dort besonders unter Fichten, aber auch an Waldrändern.

Angenehm würzig ist der Duft des Steinpilzes, dessen feiner Geschmack ihn zum Liebling der Pilzkenner und zum König der Küche macht. Sein Aroma bestimmt das Gericht – nicht von ungefähr ist die Liste an Steinpilzrezepten außerordentlich lang. Außerdem lässt er sich unproblematisch einfrieren und trocknen.

Es gibt viele schwer von ihm unterscheidbare ähnliche Pilze in den eigenen Reihen, die allerdings alle essbar sind. Der ähnlich aussehende Gallenröhrling ist zwar nicht giftig, jedoch ungenießbar – er „stört“ die Mahlzeit durch seinen gallenbitteren Geschmack vehement. Darum sollte man in Zweifelsfällen eine winzige Probe vom vermeintlichen „Steinpilz“ probieren: Der Gallenröhrling sollte keine Chance erhalten, sich heimlich unterzumischen und das Essen zu verderben.

EINGELEGTE STEINPILZE

Für 6 Gläser (je Glas etwa 250 g): 1 kg Steinpilze · 450 ml naturtrüber Apfelessig · 2 EL Zucker · 2 TL Honig · 1 TL milder Senf · 3 EL Rohrzucker · 1 TL Fleur de Sel · 2 Lorbeerblätter · 3 Kardamomkapseln · 3 Pimentkörner · 8 weiße Pfefferkörner · 1 EL Senfkörner

Die Steinpilze putzen – große Pilze halbieren und die kleinen ganz lassen. In einem Topf 250 ml Wasser zum Kochen bringen und die geputzten Pilze darin 3 Minuten kochen lassen. Sofort durch ein Sieb abgießen, dabei aber das Wasser auffangen und die Pilze mit sehr kaltem Wasser abschrecken.

Das Pilzwasser nun mit allen übrigen Zutaten aufkochen. In der Zwischenzeit die Pilze in Gläser verteilen und dann mit dem kochenden Sud übergießen. Die Gläser sofort verschließen und etwa 15 Minuten oder bis sie gänzlich abgekühlt sind, auf den Kopf stellen, damit sie fest verschließen.

So sind die Pilze für gut 1 Monat haltbar.

STEINPILZE AN TOMATENRISOTTO

800 g Steinpilze · 2 Schalotten · 150 g Risottoreis · 500 ml Hühnerbrühe · 3 EL feinherber Weißwein · 500 g vollreife Tomaten · 2 Rosmarinzweige · 2 Majoranzweige · 2 Stängel glatte Petersilie · 1 Prise frisch geriebene Muskatnuss · 1 Spritzer Tobasco · Butterschmalz zum Braten · Fleur de Sel · frisch gemahlener weißer Pfeffer

Die Steinpilze gut abbürsten und je nach Größe halbieren. Die geschälten Schalotten fein würfeln.

In einem Topf bei mittlerer Temperatur Butterschmalz zerlassen und die Schalotten darin glasig werden lassen.

Den Risottoreis zugeben und schöpflöffelweise die Hühnerbrühe und den Weißwein zugießen. Den Reis unter ständigem Rühren langsam garen, er sollte jedoch noch Biss haben.

In der Zwischenzeit die Tomaten kurz in fast kochendem Wasser blanchieren, kalt abschrecken und häuten. Halbieren, entkernen und anschließend würfeln. Die Tomatenwürfel zum fertigen Risotto geben.

Die Kräuterzweige waschen, trocken schütteln und die Blätter fein hacken. Beiseitestellen.

In einer Pfanne bei mittlerer Temperatur Butterschmalz zerlassen und die Steinpilze darin anrösten. Zum Schluss die Kräuter darüberstreuen und mit Fleur de Sel, Pfeffer, Muskatnuss und Tobasco kräftig würzen. Mit dem Risotto anrichten.

STEINPILZE AN RINDERFILET MIT PASTA UND ROTWEINSAUCE

500 g Steinpilze · 200 ml kräftiger Rotwein · 100 ml Portwein · 2 EL brauner Rohrzucker · 100 g Zartbitterschokolade, gerieben · 2 EL Balsamico · 4 Thymianzweige · 700 g Rinderfilet · 500 g Pasta mafalde (alternativ andere breite Bandnudeln mit gewelltem Rand) · 200 ml Gemüsefond · 1 Prise Zucker · Rapsöl zum Braten · Butterschmalz zum Braten · Fleur de Sel · Salz · frisch gemahlener schwarzer Pfeffer

Die Steinpilze putzen, halbieren oder auch vierteln. Beiseitestellen.

In einem Topf bei mittlerer Temperatur Rotwein, Portwein, Zucker, Schokolade und Balsamico erhitzen und einkochen lassen, dann ebenfalls beiseitestellen.

Den Backofen auf 160 °C vorheizen. Die Thymianzweige waschen und trocken schütteln. Das Fleisch kräftig mit Salz und Pfeffer würzen. In einer Pfanne das Rapsöl erhitzen und das Fleisch darin rundherum kräftig anbraten, zum Schluss den Thymian kurz mitbraten. Fleisch und Thymian aus der Pfanne nehmen und in ein doppelt gefaltetes Stück Alufolie einpacken. Im Ofen auf dem mittleren Rost 30 Minuten garen.

In einem Topf reichlich Salzwasser zum Kochen bringen. Die Pasta bissfest kochen, abgießen und warm halten.

In einem Topf bei hoher Temperatur das Butterschmalz erhitzen und die Steinpilze von allen Seiten scharf anbraten. Die reduzierte Rotweinsauce mit dem Gemüsefond mischen und zu den Pilzen geben. Mit Zucker, den Salzen und Pfeffer würzen und alles bei mittlerer Temperatur nochmals reduzieren.

Das Fleisch aus dem Ofen nehmen und 10 Minuten ruhen lassen. Auf vorgewärmten Tellern die Pilze in der Sauce mit der Pasta anrichten, das aufgeschnittene Fleisch dazulegen und locker mit den Thymianzweigen dekorieren.

STEINPILZCARPACCIO

600 g Steinpilze · 200 g luftgetrockneter Schinken · 200 g Parmesan · 8–10 frische Salbeiblätter · alter Balsamico zum Beträufeln · Butterschmalz zum Braten · frisch gemahlener weißer Pfeffer

Die Steinpilze putzen und große Pilze halbieren, beiseitestellen. Den Schinken aus der Verpackung nehmen und »atmen« lassen.

Den Parmesan hobeln. In einer Pfanne bei mittlerer Temperatur Butterschmalz zerlassen und vom Parmesan kleine Häufchen in die Pfanne setzen, je nach Pfannengröße sind eventuell zwei Durchgänge notwendig. Die Käsehobel andrücken und sobald der Käse verläuft, die »Taler« mit einem Pfannenwender umdrehen. Auf einem mit Küchenpapier bedeckten Teller abtropfen lassen.

Die Steinpilze gut würzen und in einer Pfanne kurz scharf anbraten. Aus der Pfanne nehmen und warm stellen. In der Pilzpfanne die Salbeiblätter ebenfalls kurz braten.

Steinpilze, Schinken und Salbeiblätter gefällig anrichten. Zum Schluss die Parmesantaler grob zerbrechen und über den Teller verstreuen. Alles mit Balsamico beträufeln, nachwürzen und servieren.

STEINPILZCARPACCIO

VIOLETTER RITTERLING

Lepista nuda, Nackter Ritterling oder Nackter Rötelritterling – dabei handelt es sich um einen guten Speisepilz, der in größeren Gruppen auftritt. Der Violette Ritterling gehört zur Familie der Ritterlingsverwandten, der Tricholomataceae, und seine Hauptwachstumsperiode ist von September bis in den späten November. Anzutreffen ist er gehäuft in Mischwäldern, wo er sehr „gesellig" in Hexenringen und lockerer Aufreihung vorkommt. Bei einer Höhe von 15 cm bringt er schon eine größere Portion Pilzfleisch in die Pfanne. Die Lamellen stehen dicht gedrängt und lassen sich leicht ablösen. Sie sind, wie der gesamte Pilz, zart violett. Ist der Pilz älter, verfärben sie sich bräunlich. Der Hut ist anfangs halbkugelig und hat einen eingeschlagenen Rand, er weitet sich aber später flacher aus und bekommt mittig eine wellige Vertiefung. Die Huthaut lässt sich einfach abziehen – viele Pilzfreunde schätzen es besonders, den Pilz ohne diese Haut zu genießen. Der Stiel ist ebenfalls bläulich-lila, dabei kurz, stämmig und kräftig. An seiner Basis erscheint er etwas faserig und wirkt wie verfilzt.
Im Geschmack ist der Violette Ritterling süß-aromatisch, sein Duft erscheint fast parfümhaltig. Diese Kombination muss der Pilzgenießer mögen, der eher an eine würzig-nussige Note von Pilzen gewöhnt ist. Es empfiehlt sich, Zutaten mit ausgeprägt pfeffrigen Noten mit dem Violetten Ritterling zu kombinieren – eine spannende Liaison. Wird der Pilz nicht direkt verarbeitet und verzehrt, lässt er sich problemlos einfrieren.

Verwechslungsgefahr besteht mit dem lilafarbenen Dickfuß, der schon beim Anfassen sehr unangenehm riecht. Seine Lamellen sind jedoch von safran- oder rostbrauner Farbe. Der erdig riechende Schleierling, dessen Lamellen zwar jung noch lilafarben sind, aber später rostbraun werden, und dessen Stiel eine faserige Ringzone besitzt, riecht so ausgeprägt nach Erde, dass er daran zu identifizieren ist.

SEMMELSTOPPELPILZ

Hydnum repandum, Semmelgelbe Stacheling, Schafsfußpilz oder Pied-de-mouton gehört zur Familie der Stoppelpilzverwandten, der Hydnaceae. Grundsätzlich ist er ein guter Speisepilz, der aber einige Besonderheiten aufweist. Da er zu den Mykorrhiza-Pilzen gehört, die in Symbiose mit zum Beispiel Baumwurzeln leben, weiß man seinen Standort eindeutig zu bestimmen: Der Semmelstoppelpilz liebt Buchen und Fichten, er liebt kalk- und basenreichen Böden. Gerne wächst er gesellig in Gruppen, wobei einzelne Exemplare sogar miteinander zusammenwachsen. Saison hat der beliebte Speisepilz im Sommer bis in den frühen Herbst hinein. Seinen Namen verdankt er den Stoppeln oder „Stacheln", die sich an der Unterseite seines Hutes befinden – der wiederum hat die cremig-hellbraune Farbe von Semmeln. Die Pilzsporen sind weiß. Die Hutoberseite ist matt und trocken, dabei etwas filzig. Der Hut kann im Durchmesser bis zu 10 cm groß werden, allerdings ist seine exakte Größe schwer festzulegen, da die Hutform sehr unregelmäßig gewellt und gebogen ist. Der Rand des Hutes ist zudem leicht eingerollt. Der Stiel kann bis zu 8 cm lang und 3 cm dick werden. Nach unten verjüngt er sich deutlich. Das Fleisch des Pilzes hat eine weiße Farbe, es ist sehr dick und fest, aber auch leicht brüchig.

Je jünger der Pilz ist, desto wohlschmeckender ist sein mild-würziges Fleisch. Der Sammler erkennt junge Pilze leicht: Je kürzer die Stoppeln, umso jünger der Pilz. Sind die Stoppeln länger als 5 mm, wird der Semmelstoppelpilz bitter im Geschmack und zäh. Dann bleibt immer noch, vor der Zubereitung die Stoppeln abzustreifen – besser jedoch junge Pilze verwenden! Im Duft ist der ergiebige Speisepilz unauffällig. Als Mischpilz mag er sich nicht unterordnen, er möchte alleine genossen werden.

VIOLETTE RITTERLINGE MIT BLAUKRAUT

10–16 Violette Ritterlinge · 800 g Rotkohl · 250 ml feinherber Rotwein · 2 cl süßer Portwein · 1 rote Zwiebel · 1 EL Puderzucker · ½ TL Zimt · 10 schwarze Pfefferkörner · 3 Gewürznelken · 1 Lorbeerblatt · 4 Pimentkörner · 125 ml Gemüsebrühe · 3 EL Apfelessig · 200 g geräucherter Speck, gewürfelt · frisch geriebene Muskatnuss · Butterschmalz zum Braten · 1 TL Vanillezucker · Salz · frisch gemahlener schwarzer Pfeffer

Die Ritterlinge gründlich putzen und halbieren – haben sich Maden in den Stielen eingenistet, die Stiele entfernen und nicht verwenden. Von den Pilzhüten die Haut abziehen, damit die Pilze besser verträglich sind, und alles beiseitestellen.

Den Rotkohl putzen und in feine Streifen hobeln. In einen großen Topf füllen und mit jeweils 1 Prise Puderzucker und Salz würzen. In einem Topf bei mittlerer Temperatur den Rotwein und den Portwein erhitzen und über den Rotkohl gießen.

Die Zwiebel fein würfeln, in einer Pfanne ohne Fett dünsten und mit Puderzucker hell karamellisieren. Anschließend über den Rotkohl geben.

Zimt, Pfefferkörner, Gewürznelken, Lorbeerblatt und Pimentkörner in ein Gewürzsäckchen füllen und zum Rotkohl geben. Die Brühe und den Apfelessig dazugeben und alles für 90 Minuten köcheln lassen.

In einer Pfanne bei hoher Temperatur das Butterschmalz zerlassen und die Ritterlinge und die Speckwürfel darin anbraten. Danach 15 Minuten bei reduzierter Temperatur garen lassen.

Kräftig mit Muskatnuss, Salz und Pfeffer würzen. Mit dem Vanillezucker bestreuen und zum Rotkohl geben (das Gewürzsäckchen vorher entfernen). Dazu schmecken Serviettenknödel.

VIOLETTE RITTERLINGE MIT LAMM

10–15 Violette Ritterlinge · 600 g Lammfleisch · 2 mittelgroße Zwiebeln · 1 Knoblauchzehe · 200 g Crème fraîche · 100 g Naturjoghurt · 2 süße Äpfel, geschält und fein gewürfelt · 2 Zimtstangen · 4 Gewürznelken · 2 Lorbeerblätter · 1 Stück frischer Ingwer (2 cm), geschält · 150 ml Apfelessig · 1 Prise frisch geriebene Muskatnuss · Rapsöl zum Braten · Salz · frisch gemahlener schwarzer Pfeffer

Die Ritterlinge gut putzen und halbieren. Sind die Stiele erkennbar nicht von Maden befallen, können sie ebenfalls verwendet werden. Die Huthaut abziehen und die Pilze beiseitestellen.

Das Lammfleisch waschen, mit Küchenpapier abtupfen und in mundgerechte Würfel schneiden. Die Zwiebeln und die Knoblauchzehe schälen und fein würfeln. In einem Topf bei mittlerer Temperatur das Rapsöl erhitzen und die Zwiebeln und den Knoblauch darin andünsten. Beides aus dem Topf nehmen und beiseitestellen.

Das Fleisch nach und nach im Zwiebeltopf kräftig anbraten, die angebratenen Zwiebeln und den Knoblauch wieder dazugeben. Crème fraîche und Joghurt einrühren und die Äpfel zugeben. Zimtstangen, Gewürznelken, Lorbeerblätter und Ingwer in einem Gewürzsäckchen dazulegen.

Den Apfelessig angießen und das Ganze mindestens 1 Stunde zugedeckt schmoren lassen.

Die Ritterlinge mit Salz, Pfeffer und Muskatnuss würzen und in den letzten 15 Minuten der Garzeit zum Lammfleisch geben. Alles offen weiterköcheln lassen. Ritterlinge haben eine längere Garzeit als andere Speisepilze.

VIOLETTE RITTERLINGE MIT LAMM

SEMMELSTOPPELPILZE MIT SPINATKLÖSSEN

600 g Semmelstoppelpilze · 800 g mehligkochende Kartoffeln · 500 g Babyspinat · 3 Eigelb · 100 ml Milch · 70 g Kartoffelstärke · 1 Prise frisch geriebene Muskatnuss · 2 EL Crème double · 50 g Butterschmalz · 2 Schalotten, fein gewürfelt · 120 ml Gemüsebrühe · 200 g Sahne · 1 TL Speisestärke · Salz · frisch gemahlener weißer Pfeffer

Die Semmelstoppelpilze gut putzen und bürsten. Das Stielende frisch anschneiden. Die Pilze in kleine Stücke schneiden und beiseitestellen. Die Kartoffeln schälen und in gesalzenem Wasser ca. 20 Minuten weich kochen. Abgießen und noch heiß durch eine Kartoffelpresse drücken, bei Bedarf ein weiteres Mal durch die Presse drücken, damit die Konsistenz des Pürees möglichst fein ist.

Den Spinat putzen und in kochendem Wasser 1 Minute blanchieren. Sofort eiskalt abschrecken und anschließend gut ausdrücken. Grob hacken und zusammen mit den Eigelben, der Milch und der Kartoffelstärke unter das Kartoffelpüree mengen. Gut salzen, pfeffern und mit dem Muskat abschmecken. Zum Schluss die Crème double unterheben und die Mischung warm stellen.

Eine Pfanne erhitzen und das Butterschmalz darin zerlassen. Die Schalotten darin anschwitzen. Die Semmelstoppelpilze zugeben und kurz anbraten. Reichlich pfeffern und dann mit Brühe und Sahne ablöschen. 5 Minuten köcheln lassen. Die Speisestärke mit wenig kaltem Wasser anrühren und in die Sauce rühren. Noch einmal kurz aufkochen lassen und dann warm stellen.

In einem großen Topf reichlich Wasser aufkochen. Aus der Spinat-Kartoffel-Mischung mit feuchten Händen vier Klöße formen und ins sprudelnde Wasser geben. Die Temperatur herunterschalten und alles etwa 8 Minuten köcheln lassen. Die Klöße steigen an die Oberfläche, wenn sie gar sind.

Die Spinatklöße zusammen mit den Semmelstoppelpilzen servieren.

SEMMELSTOPPEL-TORTILLAS

400 g Semmelstoppelpilze · 2 Karotten · 3 EL Butterschmalz · 2 Schalotten · 2 Maiskolben · 2 Frühlingszwiebeln · 100 g roher Schinken, gewürfelt · 12 kleine Romanescoröschen · 4 Tortillas (Fertigprodukt) · Salz · frisch gemahlener schwarzer Pfeffer · **Zum Servieren:** 1 Handvoll Radieschensprossen · Safranmayonnaise zum Dippen

Die Semmelstoppelpilze sorgfältig putzen, sie sollten keine schwammigen Stellen mehr aufweisen. In gleichmäßig kleine Stücke schneiden und beiseitestellen. Die Karotten putzen und mit einem Julienneschneider in feine Streifen hobeln. In einer Pfanne mit 1 EL Butterschmalz andünsten, herausheben und beiseitelegen.

Die Schalotten schälen und würfeln. Die Maiskolben in Scheiben schneiden. Die Frühlingszwiebeln putzen und ebenfalls in Scheiben schneiden. In der Pfanne das übrige Butterschmalz zerlassen und die Schinkenwürfel zugeben. Danach die Romanescoröschen, die Schalottenwürfel und die Maiskolbenscheiben zufügen. Alles gut anbräunen lassen.

Die Semmelstoppelpilze in die Pfanne geben und alles gut vermengen. Zum Schluss die Karottenjulienne und die Frühlingszwiebeln unterheben, kräftig salzen und pfeffern.

Die Mischung auf die Tortillas verteilen und diese aufrollen. Dazu Radieschensprossen und Safranmayonnaise reichen.

SEMMELSTOPPEL-TORTILLAS

ECHTER PFIFFERLING

Cantharellus cibarius, der Echte Pfifferling, trägt viele Namen: Eierschwamm, Rehling, Eierschwammerl, Eierschwämmli, Marillenschwammerl, Gelbschwammerl, Rehgoaßl, Pfefferling oder Pfefferschwamm. Er ist einer der bekanntesten und schmackhaftesten Speisepilze. Schon unsere Vorfahren wussten den beliebten Pilz zu schätzen. Der Echte Pfifferling gehört zur Familie der Pfifferlingsverwandten, der Cantharellaceae, und hat von Juni bis November Saison. Pfifferlinge sind standorttreu und gedeihen am besten in alten Wäldern. Leider führt eine verstärkte Abholzung vielerorts dazu, dass auch der Bestand Echter Pfifferlinge zurückgegangen ist, da sie ihr Lebensumfeld verlieren. Außerdem ist der Echte Pfifferling bei Sammlern ausgesprochen begehrt. Sie erkennen den Pilz an seinem dottergelben Hut und den dicken, gegabelten, leistenförmigen Lamellen, die weit am gesamten Stiel hinablaufen. Während des Wachstums wölbt sich der zunächst leicht kugelige Hut außen immer weiter steil hoch und zieht seine Ränder trichterförmig nach innen zusammen. Dabei wächst der Hut unregelmäßig gelappt. Der Hut des Echten Pfifferlings erreicht einen Durchmesser von etwa 2 bis 12 cm. Die Lamellen sind von ähnlicher hellgoldgelber Farbe wie der Hut und gehen übergangslos in einen kurzen, kräftigen Stiel über.

Das Pilzfleisch ist knackig-fest. Das Aromenspektrum reicht von mild bis pfeffrig und erinnert vom Duft an Aprikosen. Pfifferlingsgerichte galten früher als Armeleuteessen. Es gab die Pilze wohl in so großen Mengen, dass sie gering geschätzt wurden, wie die Redensart „keinen Pfifferling wert sein" noch bekundet. Heute muss man im westeuropäischen Raum schon Glück oder Ortskenntnis haben, um „reiche Beute" zu machen – kaum jemand gibt gern Fundorte preis. Die meisten Pfifferlinge im Handel kommen aus den osteuropäischen Gebieten. Am besten schmecken Pfifferlinge frisch, sie sollen aber wegen ihres in ungekochtem Zustand gesundheitsschädlichen Chitingehaltes nicht roh verzehrt werden. Pfifferlinge mögen kein Wasserbad und werden mit Pinsel und Küchenpapier gereinigt.

Verwechseln kann man den Echten Pfifferling mit den essbaren, aber weniger geschmacksintensiven Falschen Pfifferlingen. Falsche Pfifferlinge sind deutlich orangefarben, treten häufig in Gruppen auf und sind als Mischpilze durchaus zu verwenden. Der essbare Amethyst-Laubwald-Pfifferling, ein ausgezeichneter Speisepilz, sieht dem Echten Pfifferling zunächst zum Verwechseln ähnlich, trägt aber blasslilafarbene Schüppchen in der Hutvertiefung.

PFIFFERLINGE MIT SPECK UND STAUDENSELLERIE

250 g Pfifferlinge · 1 Bund Staudensellerie · 2 Schalotten · 150 g roher Schinken, gewürfelt · Saft von ½ Zitrone · 1 TL gemahlener Koriander · Rapsöl zum Braten · Salz · frisch gemahlener schwarzer Pfeffer

Die Pfifferlinge sorgfältig putzen. Den Staudensellerie putzen und die Staudenenden abschneiden. Das frische Grün abschneiden und beiseitelegen, die Selleriestangen in 1 cm große Stücke schneiden. Die Schalotten fein würfeln.

In einer Pfanne bei mittlerer Temperatur das Rapsöl erhitzen und die Pfifferlinge darin anbraten. Schalotten, Schinkenwürfel und Selleriestücke zugeben. Alles mindestens 5 Minuten schmoren lassen. Den Zitronensaft zufügen und mit Koriander, Salz und Pfeffer würzen. Weitere 3 Minuten köcheln lassen und mit Selleriegrün dekoriert servieren.

Dazu passt sehr gut Wildreis oder ein knackig-frisches Baguette.

PFIFFERLINGE IN GRÜNER SPARGELCREME

10 mehligkochende Kartoffeln · 1 kg grüner Spargel · 3 EL Crème fraîche · 200 g Sahne · 1 kleines Bund Kerbel · 2 EL Traubenkernöl · 50 g tiefgekühlte Pfifferlinge · 1 TL Zitronensaft · 1 Prise Zitronenpfeffer · Salz · frisch gemahlener weißer Pfeffer

Die Kartoffeln schälen und in kleine Würfel schneiden. In Salzwasser aufkochen und zugedeckt für 10 Minuten köcheln lassen.

Den Spargel an den Enden großzügig abschneiden. Vier Stangen für die Dekoration schräg in Segmente schneiden und beiseitelegen. Den übrigen Spargel klein schneiden, zu den Kartoffeln ins Salzwasser geben und alles weitere 10 Minuten fertig garen. Das Wasser abgießen und die Crème fraîche zugeben. Alles miteinander fein pürieren. Salzen, pfeffern und die Sahne unterrühren, bis eine homogene Creme entsteht. Bei sehr niedriger Temperatur warm halten.

Den Kerbel waschen, trocken schütteln und grob hacken, beiseitestellen.

In einer Pfanne bei mittlerer Temperatur das Traubenkernöl erhitzen und die noch gefrorenen Pfifferlinge hineingeben. Sobald die Flüssigkeit reduziert ist, die Spargelsegmente für die Dekoration zugeben und kurz weiterbraten. Salzen und pfeffern.

Die grüne Spargelcreme mit Zitronensaft und -pfeffer abschmecken. Auf Tellern anrichten und zunächst die Pfifferlinge, dann die Spargelsegmente obenauf dekorieren und alles mit viel Kerbel bestreuen. Mit knusprigem Brot servieren.

PFIFFERLINGPIZZA

500 g frische Pfifferlinge · 1 Pizzateig (Fertigprodukt) · 3 Schalotten · 4 Rosmarinzweige · 250 g Kirschtomaten · 200 g Crème double · 200 g roher Schinken, gewürfelt · Salz · frisch gemahlener schwarzer Pfeffer

Den Backofen auf 220 °C vorheizen.

Die Pfifferlinge gut putzen und bürsten. Große Pilze halbieren, bei kleineren Pilzen nur den Stiel kürzen.

Den Pizzateig dünn ausrollen und auf ein mit Backpapier ausgelegtes Blech legen.

Die Schalotten schälen, in Scheiben schneiden und dann in Ringe teilen. Die Rosmarinzweige waschen, trocken schütteln und die Nadeln abstreifen. Die Tomaten waschen, halbieren und den kleinen Strunk entfernen.

Auf dem Pizzateig die Crème double verstreichen und die Pfifferlinge auf der Pizza verteilen. Dann die Schalottenringe, die Schinkenwürfel und die halbierten Tomaten locker darübergeben. Zum Schluss die Rosmarinnadeln verstreuen.

Die Pizza im heißen Ofen nach Anleitung backen, mindestens aber 20 Minuten.

PFIFFERLINGPIZZA

PARASOL

Die Bezeichnungen des **Macrolepiota procera**, des Gemeinen Riesenschirmlings oder Riesenschirmpilzes, verraten schon einiges über das Äußere des Pilzes, dessen Schirm wie ein großer „Parasol", wie ein Sonnenschirm mit langem Stiel, aussieht. Er gehört zu den guten Speisepilzen, die weltweit in großer Zahl vorkommen. Hauptsaison hat der Parasol, der zur Familie der Champignonverwandten, der Agaricaceae, gehört, von Anfang Juli bis Ende Oktober. Er liebt basischen, nährstoffreichen Boden und ist einzeln, aber auch in größeren Gruppen zu finden, hauptsächlich auf lichten Waldflecken. Seine Lamellen sind im jungen Zustand weiß, später werden sie eher cremefarben. Sie lassen sich leicht vom Hut lösen und sind auch nicht mit dem Stiel verbunden. Die Sporen des großen, schirmförmigen Pilzes sind weißlich. Der Hut ist anfänglich kugelig rund und wird bei zunehmendem Wachstum immer flacher und breiter. Bei den größten Exemplaren kann die Hutgröße einen Durchmesser von bis zu 40 cm erreichen. In seiner Mitte weist der Hut einen runden, leicht bräunlichen Buckel auf. Die Hutfarbe ist zunächst weiß, aber durch das Wachstum reißt die Huthaut auf und hinterlässt Schuppen, die sich dunkel von der Huthaut abheben. Der Stiel kann ebenfalls eine beachtliche Höhe von bis zu 40 cm erreichen. An der Basis ist er verdickt und bis zu 4 cm im Durchmesser stark; er verjüngt sich zum Hutansatz hin auf etwa 2 cm im Durchmesser. Auch der Stiel weist von oben bis unten durchgängig braune Schuppen auf. Ein zweiteiliger, ledriger Ring umgibt den Stiel lose und lässt sich an diesem verschieben.

Der Geschmack des Parasols erinnert im frühen Stadium an leicht süßliche Nussbutter, der Duft ist angenehm. Es bietet sich an, den großen Pilz wie ein vegetarisches Schnitzel zu verarbeiten – natürlich kann man ihn aber auch in Stücke geschnitten mit Fleisch, Gemüse oder Fisch anbraten.

Verwechselt werden kann er mit dem kleineren, spitzschuppigen Stachel-Schirmling. Allerdings weist dieser keinen verschiebbaren Ring auf und riecht sehr unangenehm.

SCHOPFTINTLING

Coprinus comatus, der Tintenpilz, Spargelpilz, Porzellantintling oder Tintenschopfling, erweist sich jung als ausgezeichneter Speisepilz. Leider vergeht er schnell und ist deshalb nur sehr kurzzeitig in der Küche zu verwerten. Zu finden ist der Schopftintling meist in geselliger Runde an Wiesenrändern, auf Parkwiesen und an Waldrändern. Der Schopftintling gehört zur Familie der Champignonverwandten, der Agaricaceae. Seine Lamellen sind am Anfang wegen der schmalen, eng am Stiel anliegenden Hutform nicht sichtbar. Sie sind im jungen Stadium des Pilzes weiß, werden dann aber zunehmend rosafarben. Die Sporen sind schwarz wie Tinte, dieser Farbe verdankt der Pilz auch seinen Namen. Zunächst erreicht der erst eiförmige, später ungewöhnlich spitze, schmale Hut eine Höhe von 5 bis 10 cm und ist im Durchmesser bis zu 3 bis 6 cm groß. Seine Farbe ist am Anfang reinweiß, am Rand leicht graurosafarben; an der Hutspitze wird er von rötlich-braunen Schuppen bedeckt. Das Fruchtfleisch ist weiß und ziemlich dünn, aber jung sehr schmackhaft. Der gefaserte Stiel ist leicht geschuppt – für ihn gilt das Gleiche. Eine Besonderheit zeichnet den Schopftintling unter allen Pilzen aus: Mit zunehmendem Alter wird der Hut glockenförmig und der Pilz löst sich vom Rand her in eine tintenfarbige Masse auf, bis mittig nur noch ein flacher, runder Rest bestehen bleibt.

Im Geschmack ist der Schopftintling würzig und aromatisch. Was den Duft betrifft, ist der Pilz eher neutral. Unter Pilzexperten lautet ein Bonmot, beim Suchen des Schopftintlings empfehle es sich, gleich die Pfanne mitzunehmen, will heißen: Nach dem Suchen ist es ratsam, den Pilz schnellstmöglich zu verarbeiten. Aufgrund seiner Würze erweist er sich als schmackhaft in Kombination mit geriebenem Käse oder Eierspeisen und kann auch gut getrocknet werden.

Eine Verwechslung ist mit einem Verwandten, dem Faltentintling, möglich, der jedoch über einen eher glockenförmigen Hut mit vielen dunklen Schuppen verfügt. Zwar ist auch der Faltentintling essbar, aber er verträgt sich nicht mit Alkohol; gleichzeitiger Genuss kann leichte Vergiftungserscheinungen hervorrufen.

PARASOLSCHNITZEL

½ TL Cayennepfeffer · 1 Msp. frisch geriebene Muskatnuss · 2–4 Parasolpilze, geputzt und entstielt · 2 Eier · 2 EL Mineralwasser · 200 g Paniermehl · 1 EL Butter · 6–8 frische Salbeiblätter · Salz · frisch gemahlener schwarzer Pfeffer

Die Gewürze mit etwas Salz und Pfeffer mischen und die Pilze damit bestreuen.

In einer flachen Schale die Eier mit dem Mineralwasser verquirlen. Das Paniermehl in eine andere Schale geben.

Die Pilzköpfe erst gründlich durch die Eimischung ziehen und dann im Paniermehl wenden.

In einer nicht zu heißen Pfanne die Butter zerlassen und die panierten Parasolpilze darin nach und nach goldbraun braten. Zum Schluss die Salbeiblätter mitbraten, das ergibt einen besonders würzigen Geschmack. Dazu schmecken Pasta oder ein frischer grüner Salat.

GEGRILLTE PARASOLPILZHÜTE

4–8 Parasolpilze, geputzt und entstielt

Für das Kräuteröl: 200 ml Rapsöl · 2 cm frischer Ingwer, geschält und fein gerieben · ½ TL Piri-Piri-Gewürz (scharfes Chilipulver) · fein abgeriebene Schale von 1 unbehandelten Zitrone · 1 Knoblauchzehe, geschält und zerdrückt · ½ rote Chilischote, ausgekratzt · 1 Rosmarinzweig, die Blätter abgezupft · 1 Thymianzweig, die Blätter abgezupft · 500 g Safrannudeln · 4 kleine orangefarbene süße Paprika · 1 Majoranstängel

Für das Kräuteröl Rapsöl, Ingwer, Piri-Piri-Gewürz, Zitronenschale, Knoblauch, Chili, Rosmarin- und Thymianblätter verrühren und mindestens 2–3 Stunden ziehen lassen.

Den Backofengrill auf mittlerer Stufe vorheizen.

Die Nudeln nach Packungsangabe al dente kochen. Die Paprika putzen, entkernen und in Scheiben schneiden. Den Majoran waschen, trocken schütteln und die Blättchen abzupfen.

Die Pilzhüte mit dem Kräuteröl gut einpinseln und dann auf dem Grill 5 Minuten auf jeder Seite grillen. Dabei immer wieder mit Öl bestreichen. Das verbliebene Öl ist im Kühlschrank 2–3 Wochen für andere Verwendungen haltbar.

Die Pilze auf den Safrannudeln und Paprikaringen anrichten. Mit den Majoranblättern garnieren. Die Pilze schmecken auch gut zu gegrilltem Fleisch oder Fisch.

GEGRILLTE PARASOLPILZHÜTE

SCHOPFTINTLINGE AUF OFENKARTOFFELN MIT PARMESANKRUSTE

SCHOPFTINTLINGE AUF OFENKARTOFFELN MIT PARMESANKRUSTE

600 g Schopftintlinge · 1 kg große, festkochende Kartoffeln · 4 altbackene Toastbrotscheiben · 8 Oreganozweige · 80 g Butterschmalz · 150 g Parmesan · 2 EL Butter · Salz · frisch gemahlener schwarzer Pfeffer

Den Backofen auf 200 °C vorheizen.

Die Schopftintlinge sorgfältig schütteln. In gleich große Streifen schneiden und beiseitelegen. Die Kartoffeln abbürsten und in einem Topf mit gesalzenem Wasser 25 Minuten garen. Währenddessen das Toastbrot in eine Schüssel fein reiben oder krümeln. Den Oregano waschen, trocken schütteln und die Blätter abzupfen.

In einer Pfanne das Butterschmalz erhitzen und die Oreganoblätter darin mit den Toastbröseln etwa 5 Minuten rösten. Wieder in die Schüssel füllen, gut würzen, die Hälfte vom Parmesan darüberreiben und alles gut vermischen. Die Kartoffeln abgießen und abkühlen lassen. Halbieren und mit der Schnittfläche nach oben in eine Auflaufform setzen. Kräftig würzen und die Kräuter-Brösel-Mischung auf die Kartoffeln streuen, darauf die Pilzstreifen legen. Die Butter in kleinen Flöckchen darübergeben und den restlichen Parmesan darüberreiben, vorsichtig mit den Schopftintlingstreifen vermischen. Das Kartoffel-Pilz-Gericht im Ofen etwa 15 Minuten backen.

Dazu passt ein frischer grüner Salat.

GEBACKENE SCHOPFTINTLINGE

8 frische mittelgroße weiße Schopftintlinge · 3 Eiweiß · 2 EL Mehl · ½ TL Salz · 1 Msp. frisch geriebene Muskatnuss · 4–5 EL Paniermehl · 2 kleine Romanasalate · 2 EL geriebener Parmesan · ½ TL Paprikapulver · 1 EL Tomatenketchup nach Belieben · Rapsöl zum Braten · frisch gemahlener weißer Pfeffer

Die Schopftintlinge vorsichtig putzen und den Stiel anschneiden.

Die Eiweiße kräftig mit einem Schneebesen aufschlagen, vorsichtig Mehl, Salz, Muskatnuss und Pfeffer unterheben. Das Paniermehl in eine flache Schale oder in einen tiefen Teller füllen.

Den Salat waschen, trocken schütteln und die Blätter abzupfen. Auf einer Servierplatte anrichten.

Die Schopftintlinge zunächst im Eiweiß, anschließend im Paniermehl wenden. In einer bei hoher Temperatur vorgeheizten Pfanne Rapsöl erhitzen und die Pilze darin knusprig braten.

Die Pilze auf den Salatblättern platzieren. Den Parmesan mit dem Paprikapulver mischen und die Pilze damit bestreuen. Wer mag, kann noch einen Tupfer Tomatenketchup dazusetzen.

PERLPILZ

Bei **Amanita rubescens**, Fleischchampignon oder Rötendem Wulstling, handelt es sich um einen sehr guten Speisepilz, bei dessen Suche und Verwendung es jedoch einiger Erfahrung bedarf. Die beste Sammelzeit ist von Juni bis Ende Oktober. Der Perlpilz fühlt sich in der Umgebung von Buchen- und Eichenmischwäldern wohl, ist aber auch in Fichten- und Kiefernbewaldung zu finden. Der Hut des Perlpilzes, der zur Familie der Wustlingsverwandten, der Amanitaceae, gehört, ist in jungem Zustand fast kugelig rund, der Hut älterer Pilze wirkt dagegen wie entfaltet und fast ebenmäßig flach. Ein besonderes Merkmal ist, dass sich die Huthaut leicht abziehen lässt. Der Pilz kann eine beeindruckende Größe von etwa 12 cm erreichen. Seine Farbe ist weiß bis fleischfarben, bisweilen blassrot bis rotbraun und sein Hut ist mit gräulichen oder rot-gräulichen Hüllenresten bedeckt. Die Lamellen des Perlpilzes sind weiß, bekommen aber mit der Zeit rötlich-braune Flecken. Sie sind weich, eng zusammenstehend und am Stiel angeheftet. Die Pilzsporen sind weiß. Der Stiel kann bis zu 15 cm lang und im Durchmesser 3 cm dick werden, er verjüngt sich zum Hutansatz hin. Er ist weiß bis bräunlich und gerieft; etwa in der Mitte trägt er eine Art Manschette – ein Überbleibsel vom Absetzen des Hutes vom Stiel. Wird der Pilz älter, wird der Stiel hohl und faserig.

Leider wird der Perlpilz oft von Maden befallen, deshalb ist es ratsam, ihn zu halbieren. Dabei erscheint auch eines seiner typischen Merkmale: Er läuft bei Berührung rosarot bis weinrot an. Im Duft ist er eher unauffällig, geschmacklich besitzt er eine fast süße, nussige Note. Ohne Huthaut – sie lässt sich ja einfach abziehen – ist der Perlpilz besonders gut verdaulich. Gut durchgeschmort entfaltet er sein volles Aroma.

Verwechslungsgefahr besteht leider mit dem giftigen Pantherpilz, der äußerlich dem Perlpilz auf den ersten Blick ähnelt. Allerdings bekommt der Pantherpilz bei Berührungen keine rötlichen Flecken, sein Fleisch bleibt unveränderlich weiß und er hat eine völlig glatte Manschette, außerdem ist sein Hut deutlich gerieft und der Stiel wächst aus einer Knolle. Wie immer aber gilt für den Sammler: Bei dem leisesten Zweifel den Pilz stehen lassen oder einen Pilzexperten fragen!

MARONENRÖHRLING

Xerocomus badius, syn. Boletus badius gehört zur Familie der Dickröhrlingsverwandten, der Boletaceae. Der Maronen- oder Blaupilz, auch Braunkappe genannt, ist ein geschätzter Speisepilz, der dem Steinpilz durchaus ebenbürtig ist. Allerdings ist er roh nicht genießbar, sondern leicht giftig. Zu finden ist er hauptsächlich im Nadelwald, besonders zwischen den Wurzelausläufern der Bäume. Die Saison des Maronenröhrlings beginnt im Juni und endet im November. Er kann eine Größe von bis zu 20 cm erreichen, wenn der Sammler Glück hat; leider ist der Pilz auch ein beliebtes „Speiseziel" von Schnecken und Würmern. Die überwiegend maronenbraune Hutfarbe hat ihm seinen Namen gegeben, die Farbe kann aber von hellem Kastanienbraun über Olivbraun bis hin zu Schwarzbraun in allen Schattierungen ausgeprägt sein. Die Oberfläche des Hutes kann nach Regenfällen leicht klebrig-glänzend erscheinen. Der Hut hat einen Durchmesser von 3 bis 15 cm, ist in jungen Jahren halbkugelig und wird später polsterig-dick und unregelmäßig rund. Die Röhren sind am Stiel angewachsen; die Poren sind von einem hellen Cremeton, der sich bei älteren Exemplaren ins Olivgrüne verfärben kann. Typisch für den Pilz ist, dass er sich auf Druck blau färbt, was ihn eindeutig vom Steinpilz unterscheidet. Der Stiel kann bis zu 10 cm lang werden und einen Durchmesser von beachtlichen 4 cm erreichen. Auf hellem Grund zeigt er eine leichte bräunliche Längsmaserung und damit anders als der Steinpilz kein Netz. Zunächst ist der Stiel leicht bauchig, dann zylindrisch, ein wenig gebogen sowie kahl und glatt. Das Fleisch des Maronenröhrlings ist weiß bis cremefarben. Jung ist das Fleisch sehr fest, im Alter etwas weicher und schwammig.

Das Aroma des Röhrlings ist nussähnlich und mild, sein Duft mild-säuerlich. Der Maronenröhrling ist vielfältig zu verarbeiten – gebraten, mariniert, getrocknet oder eingefroren für den späteren Gebrauch. Wichtig ist jedoch, ihn niemals roh zu verzehren.

Zu verwechseln ist er mit dem Gallenröhrling, der jedes Gericht aufgrund seines bitteren Geschmacks verdirbt. Dieser läuft allerdings nicht blau an und die Geschmacksprobe ist eindeutig bitter. Ebenfalls zu verwechseln wäre der Maronenröhrling mit Ziegenlippe und Sandröhrling, die allerdings ebenfalls gute Speisepilze sind.

PERLPILZ-MISCHPILZ-RAGOUT MIT LAUCH IN KÄSESPÄTZLE

100 g Perlpilze · 400 g gemischte Waldpilze nach Belieben · 2 Lauchstangen · 6 Thymianzweige · 1 Bund glatte Petersilie · 100 g durchwachsener Speck, in Streifen geschnitten · 1 mittelgroße Zwiebel, gehackt · 125 ml Weißwein · 100 ml Gemüsebrühe · 1 TL Speisestärke · 600 g Spätzle (Fertigprodukt oder hausgemacht) · 200 g Emmentaler · Butterschmalz für die Form · Salz · frisch gemahlener schwarzer Pfeffer

Den Backofen auf 180 °C vorheizen.

Die Pilze putzen und in möglichst gleich große Stücke schneiden. Die Lauchstangen putzen, halbieren, gut waschen und in Scheiben schneiden. Den Thymian waschen, trocken schütteln und die Blätter abzupfen. Die Petersilie ebenfalls waschen, trocken schütteln und grob hacken.

In einer Pfanne bei hoher Temperatur die Speckstreifen und die Zwiebel anbräunen und die Pilze zufügen. Etwa 6 Minuten goldgelb braten und dann die Lauchscheiben zugeben. Alles weitere 5 Minuten braten. Die Pilzpfanne mit Weißwein und Brühe ablöschen. Die Stärke mit etwas Wasser kalt anrühren, zugeben und alles einmal aufkochen. Die Thymianblätter einstreuen und die Pfanne beiseitestellen.

In einem Topf die Spätzle nach Packungsangabe zubereiten. Eine Auflaufform mit Butterschmalz auspinseln. Darin die Spätzle in Form eines runden „Nestes“ mit Platz in der Mitte hineinsetzen. In die Mitte das Pilzragout geben und darüber den Emmentaler reiben. Kräftig würzen und im Backofen in 25 Minuten goldgelb backen.

Zum Servieren mit Petersilie bestreuen und nach Belieben mehr Käse darüberreiben.

PERLPILZ-MISCHPILZ-RAGOUT MIT LAUCH IN KÄSESPÄTZLE

MARONENRÖHRLING-GETREIDE-TIMBALE MIT GEMÜSE

MARONENRÖHRLING-GETREIDE-TIMBALE MIT GEMÜSE

250 g kleine Maronenröhrlinge · 150 g Buchweizen · 300 ml Gemüsebrühe · 3 bunte Mangoldblätter · 2 cm frischer Ingwer · 4 reife Tomaten · 3 EL Öl zzgl. Öl zum Anbraten · 1 Prise Zucker · 2 Schalotten · 100 ml Weißwein · 1 EL Zitronensaft · Salz · frisch gemahlener schwarzer Pfeffer

Die Maronenröhrlinge putzen und je nach Größe ganz lassen oder halbieren. Den Buchweizen waschen und in der Gemüsebrühe 15 Minuten köcheln lassen. Wenn er gar ist, die überschüssige Flüssigkeit abgießen.

Den Mangold waschen, putzen und in Streifen schneiden. Einige Streifen für die Dekoration beiseitelegen. Den Ingwer schälen und in dünne Scheiben schneiden. Die Tomaten mit heißem Wasser überbrühen, die Haut abziehen, vierteln und die Kerne herauskratzen. Das Fruchtfleisch klein würfeln, mit dem Öl mischen, salzen und mit Zucker abschmecken. Die Schalotten schälen und in kleine Würfel schneiden.

Die Pilze und die Schalotten kurz in Öl anbraten. Den Mangold zugeben und kurz mitbraten. Mit dem Weißwein ablöschen. Die Ingwerscheiben zufügen. Für ca. 5 Minuten garen und mit Zitronensaft, Salz und Pfeffer abschmecken. Die Hälfte der Pilze aus der Pfanne nehmen und fein hacken.

Zum Anrichten Garnierringe mit 8 cm Durchmesser auf Teller stellen. Etwa 3 EL Buchweizen in jeden Ring füllen und mit einem Löffel andrücken. Zunächst die Tomaten, dann die Pilze darauf verteilen und mit Buchweizen abschließen. Gehackte Pilze und etwas Mangold dekorativ aufsetzen, dann die Ringe vorsichtig abziehen und Mangold zur Dekoration anlegen.

MARONENRÖHRLINGE AUS DEM OFEN

6–8 frische Maronenröhrlinge · 4 Schalotten · 3 EL feines Olivenöl · 4 Majoranzweige · 75 ml milder Portwein · 2 Stängel glatte Petersilie zum Garnieren · Butter für die Form · Salz · frisch gemahlener schwarzer Pfeffer

Den Backofengrill auf mittlerer Temperatur vorheizen.

Die Maronenröhrlinge putzen, halbieren oder vierteln. In eine gebutterte Auflaufform legen. Die Schalotten schälen, in feine Würfel schneiden und über die Pilze streuen. Mit dem Öl beträufeln, salzen und pfeffern und die Form in den Backofen stellen.

Den Majoran waschen, trocken schütteln und die Blätter abzupfen.

Haben die Pilze eine goldgelbe Farbe angenommen, mit dem Portwein ablöschen und weitere 15 Minuten im Ofen bräunen lassen. In den letzten 5 Minuten die Majoranblätter darüber verteilen und kurz mitbräunen, aber auf keinen Fall zu dunkel werden lassen. Mit Petersilie garniert servieren. Dazu schmeckt ein frisches Baguette.

SPEISETÄUBLING

Russula vesca erfreut seine Sammler von Juli bis Ende Oktober und gehört zur Familie der Täublingsverwandten, der Russulaceae. Das Farbenspektrum des Speisetäublings ist unter allen Pilzen kaum zu überbieten, die Palette reicht von fleischfarben, mattviolett, lilafarben, braunrot, grünlich bis olivbraun – kaum eine Farbe kann dem Speisetäubling zweifelsfrei zugeschrieben werden. Das macht das eindeutige Erkennen für den unerfahrenen Sammler oft schwer. Täublinge haben außer Hut, Lamellen und Stiel keine Knolle, darum zum Erkennen beim Schneiden am besten bis auf den Grund fühlen. Die Lamellen des Speisetäublings sind weiß, schmal und stehen sehr dicht. Bei diesem Sprödblättler brechen sie leicht und haben oft rostfleckige Blätter. Der Hut sieht aus, als sei er etwas zu kurz geraten, die Haut bedeckt ihn nicht ganz bis zum Rand und die Lamellen sind gut sichtbar. Mittig hat der Hut eine leichte, manchmal fast trichterförmige Vertiefung und kann einen Durchmesser von bis zu 10 cm erreichen. Bei Trockenheit ist seine Oberflächentextur matt, bei Feuchtigkeit wird die Oberfläche schleimig. Die Haut lässt sich bis zur Mitte hin leicht abziehen. Der bis zu 3 cm dicke und bis zu 8 cm lange Stiel ist generell weiß und von einer feinen Netz- oder Streifenstruktur bedeckt. Er kann im unteren Drittel schlanker werden.

Der Speisetäubling ist im Geschmack angenehm nussig, mild und leicht süß. Der Geruch ist unauffällig. Eine Verwechslung mit anderen Täublingen ist möglich. Alle mild schmeckenden Täublinge sind zwar essbar, aber scharf schmeckende, ungenießbare Täublinge gehören nicht in den Sammelkorb. Hier gilt wieder einmal: Immer einen Pilzberater fragen!

SPEISETÄUBLING-CREMESUPPE

3–4 Speisetäublinge (eventuell Champignons beimischen) · 1 mittelgroße Zwiebel · 1 Lauchstange · 450 g mehligkochende Kartoffeln · 3 EL Butter · 1 Prise Zucker · 1 Prise frisch geriebene Muskatnuss · 600 ml Kalbsfond (alternativ Gemüsebrühe) · 200 g Sahne · 1–2 EL Schnittlauchröllchen · Salz · frisch gemahlener schwarzer Pfeffer

Die Speisetäublinge putzen und klein schneiden. Die Zwiebel schälen und würfeln. Die Lauchstange halbieren, waschen und in feine Ringe schneiden. Die Kartoffeln schälen und in kleine Würfel schneiden.

In einem Topf die Butter zerlassen, Lauch und Zwiebel darin andünsten. Die Kartoffelwürfel und die Pilze zugeben und mitdünsten. Mit Salz, Pfeffer, Zucker und Muskatnuss würzen. Den Fond und die Hälfte der Sahne zugießen, alles einmal aufkochen und dann bei reduzierter Temperatur 30 Minuten köcheln lassen.

Die übrige Sahne fest aufschlagen. Den Fond mit allen Zutaten fein pürieren, nochmals abschmecken und in eine Terrine füllen. Die Sahne als Topping aufsetzen mit Schnittlauchröllchen garnieren.

WARMER SPEISETÄUBLING-KARTOFFEL-SALAT

750 g festkochende Kartoffeln · 4 Schalotten · 5 EL Rapsöl · 200 ml Gemüsebrühe (alternativ Fleischbrühe) · Saft von 2 Zitronen · 1 TL Dijon-Senf · 1 Prise Zucker · 6 Speisetäublinge (etwa 300 g, ggf. andere Pilze beimischen) · 2 EL Butter · 200 g fester Schafskäse · Schnittlauchröllchen zum Garnieren · Salz · frisch gemahlener schwarzer Pfeffer

Die Kartoffeln abbürsten und in kochendem Salzwasser garen. Die Schalotten schälen und fein würfeln.

In einer Pfanne bei mittlerer Temperatur 1 EL Rapsöl erhitzen und die Schalotten darin etwas Farbe nehmen lassen. Mit der Brühe ablöschen.

Für die Vinaigrette den Zitronensaft mit Salz, Pfeffer, Dijon-Senf und Zucker verrühren. Nach und nach das übrige Rapsöl zugießen und die Sauce dabei locker aufschlagen.

Die gekochten Kartoffeln pellen und noch warm in feine Scheiben schneiden. Die Brühe und die Hälfte der Vinaigrette sofort über die Kartoffeln gießen und den Salat 30 Minuten ziehen lassen.

Währenddessen die Pilze in Stücke schneiden. In einer Pfanne die Butter zerlassen und die Pilze darin braten, sie sollten goldbraun werden. Abschmecken und unter den Kartoffelsalat heben. Den Schafskäse grob darüber zerbröseln und die übrige Vinaigrette darübergeben. Nach Belieben mit Schnittlauchröllchen dekorieren.

PANIERTE SPEISETÄUBLINGE MIT BÄRLAUCHDIP

10 frische Bärlauchblätter · 150 g Crème fraîche · 150 g Naturjoghurt · ½ TL Dijon-Senf · 2 Eier · 4 EL Bier · 2–3 EL Paniermehl (eventuell etwas mehr) · 4 Speisetäublinge · Rapsöl zum Braten · 2–3 Bärlauchblüten zum Garnieren (falls vorhanden) · Salz · frisch gemahlener schwarzer Pfeffer

In der Bärlauchsaison gibt es keine frischen Speisetäublinge. Verwenden Sie tiefkühlte und aufgetaute Pilze aus Ihrer letzten Ernte.

Den Bärlauch waschen, trocken schütteln und in feine Streifen schneiden.

Für den Dip Crème fraîche und Joghurt locker miteinander aufschlagen. Salzen und den Dijon-Senf unterrühren. Die Bärlauchblätter unterheben.

Die Eier gut verquirlen, das Bier zugießen, kräftig salzen und pfeffern und umrühren. So viel Paniermehl zugeben, bis ein nicht zu fester, nicht zu flüssiger Teig entsteht.

Die Speisetäublinge putzen. In einer Pfanne das Rapsöl bei mittlerer Temperatur erhitzen. Die Pilze durch den Bierteig ziehen und im Öl goldbraun ausbacken. Alles auf Tellern anrichten, nach Belieben mit Bärlauchblüten garnieren und dazu den Bärlauchdip und ein kräftiges Bauernbrot reichen.

PANIERTE SPEISETÄUBLINGE MIT BÄRLAUCHDIP

GEMEINER BIRKENPILZ

Leccinum scabrum, syn. Boletus scaber ist auch unter den Bezeichnungen Birkenröhrling, Kapuzinerpilz, Geißpilz oder Brauner Birkenpilz bekannt. Er gehört zur Familie der Dickröhrlingsverwandten, der Boletaceae, und hat von Juni bis in den Oktober Saison. Zu finden ist er, wie der Name schon sagt, oft unter Birken in Wäldern und in Parks. Der Hut des Gemeinen Birkenpilzes kann bis zu 15 cm im Durchmesser werden. Beim jungen Pilz bildet sich der Hut rund und halbkugelig bis glockig aus, später wird er flacher. Die Hutfarbe ist hell- bis rötlichbraun und hat manchmal einen gelblichen Schimmer. Die Haut des Pilzhutes wirkt glatt und trocken, kann jedoch bei feuchter Witterung einen leichten Schmierfilm entwickeln. Die Sporen sind oliv-braunfarben.

Die weißen Röhren und das Fleisch junger Pilze nehmen im Alter einen weiß-gräulichen Ton an. Die langen Röhren sind rund um den Stiel regelrecht eingezogen. Sie lassen sich jedoch leicht vom Hut ablösen und sind beim etwas älteren Pilz nicht mehr schmackhaft. Der Stiel kann 10 bis 15 cm lang werden und ist bei jüngeren Exemplaren dicklich ausgebildet, dabei nach oben verjüngt; je größer der Pilz wird, umso schlanker wird der weiße, unregelmäßig geschuppte Stiel. Das Stielfleisch ist beim jungen Pilz weiß und ziemlich fest, später wird es weicher und zäh, dann schneidet der Sammler den Stiel besser ab.

Bei der Verarbeitung wird das Fleisch sehr dunkel bis schwarz, was geschmacklich aber in keinster Weise stört. Der Duft des Gemeinen Birkenpilzes wirkt angenehm, sein Geschmack ist mild mit einem recht feinen Aroma. Junge Pilze lassen sich gut trocknen und geben bei der Verarbeitung in der Küche ein intensives Aroma frei. Verwechslungen sind mit einigen verwandten, jedoch essbaren Arten möglich.

ZIEGENLIPPE

Xerocomus subtomentosus, syn. Boletus communis trägt auch die Namen Filziger Röhrling oder Schafheiterl und wird jung als guter Speisepilz geschätzt. Saison hat die Ziegenlippe von Juli bis Oktober und ist als „Einzelgänger", nur sehr selten in Gruppen, in Laub- und Nadelwäldern zu finden. Die Ziegenlippe gehört zur Familie der Dickröhrlingsverwandten, der Boletaceae. Es handelt sich hierbei um einen auffälligen Pilz: Der goldfarbene bis olivbraune Hut erscheint wie dick gepolstert und wölbt sich zum Rand hin leicht nach oben. Seine zarte, trockene Haut erinnert beinahe an sehr feines Wildleder. Bei trockenem Wetter reißt die Oberfläche manchmal bis tief ins Hutfleisch auf und die Risse geben den Blick auf das goldgelbe Hutfleisch frei. Die Röhren sind leuchtend gelb und werden bei älteren Exemplaren groß und eckig. Bei Druck laufen sie bisweilen blau an. Der Stiel ist ebenfalls goldgelb und kann mehr als 10 cm lang werden. Er ist sehr schlank und an der Basis nur leicht verdickt. Der Stiel schimmert leicht rötlich und im oberen Bereich können oft bräunliche Linien oder Netzmuster auftreten.

Das Fleisch der Ziegenlippe ist fest und gelb, trotz der auffälligen Farbe aber geschmacklich so schwach, dass der Pilz sich eher als Mischpilz in Begleitung aromatisch kräftigerer Pilze anbietet. Die Ziegenlippen lassen sich trocknen, braten und schmoren, auch als Einlage in Suppen und Saucen eignet sich der Pilz. Zum Einlegen in Essig und Öl sind sie aber nicht geeignet. Verwechslungen sind mit einigen Röhrlingen möglich, die aber alle essbar sind.

Beim Sammeln ist Vorsicht bei Exemplaren geboten, die von toxisch wirkendem Goldschimmel befallen sind. Der Pilz sollte auch bei nur geringfügig auftretendem weißem, später goldgelbem Schimmelbelag auf der Ziegenlippe stehen bleiben, da der ganze Pilz befallen ist.

GEBRATENE BIRKENPILZE MIT PATÉ UND FICHTENSPRÖSSLINGEN

Für die Fichtensprösslinge: 1 Handvoll Fichtensprösslinge (im Mai ernten) · 10 Wacholderbeeren · 6 Nelken · ½ TL Fleur de Sel · 1 Prise Zucker · 1 Msp. frisch gemahlener weißer Pfeffer · guter weißer Balsamico zum Auffüllen

Für die Pilze: 3–6 Birkenpilze · 200 g Leberpaté mit grünem Pfeffer · 4 eingelegte Fichtensprösslinge · Butterschmalz zum Braten · Schnittlauchblüten zum Garnieren · Salz · frisch gemahlener schwarzer Pfeffer

Die Fichtensprösslinge waschen. Alle Zutaten in ein Schraubglas füllen und dieses fest verschließen. Für einige Tage kühl stellen.

Die Birkenpilze putzen und halbieren. In einer Pfanne Butterschmalz zerlassen und die Pilze darin nicht zu scharf braten, sie sollten nicht zu dunkel werden.

Die Paté ausstechen, schneiden oder nach Belieben formen und auf Teller setzen. Die Pilze anlegen. Die eingelegten Fichtensprösslinge fein schneiden und über die Pilze streuen. Die Fichtenspitzen schmecken auch zu Fleisch und in Salaten sehr gut. Mit mehr Fichtensprösslingen und Schnittlauchblüten garnieren. Dazu passen kräftiges Brot und ein Glas Rotwein.

GEBRATENE BIRKENPILZE MIT PATÉ UND FICHTENSPRÖSSLINGEN

ZIEGENLIPPE MIT RINDERFILET AN SEMMELKNÖDELTALERN

ZIEGENLIPPE MIT RINDERFILET AN SEMMELKNÖDELTALERN

1 EL Butter · 1 Zwiebel, fein gewürfelt · 100 g Schinkenspeck, gewürfelt · 6 Brötchen · 200 ml Milch · 2 Eier · 2–3 EL Paniermehl · 4 Rinderfilets · 8 frische Ziegenlippen (alternativ tiefgekühlte Pilze aus der letzten Ernte) · 100 ml Fleischbrühe · 1 TL Mehl · 150 g tiefgekühlte Erbsen · 1 Handvoll Mandelblättchen · 3 Frühlingszwiebeln, fein geschnitten · frisch geriebene Muskatnuss · Butterschmalz zum Braten · Salz · frisch gemahlener schwarzer Pfeffer

In einer Pfanne bei hoher Temperatur die Butter zerlassen und die Zwiebel sowie den Schinkenspeck darin anrösten.

Die Brötchen grob würfeln und mit der Milch und den Eiern verkneten. So viel Paniermehl unterkneten, bis ein homogener Teig entsteht. Zwiebeln und Speck ebenfalls unterkneten. Den Teig auf eine Frischhaltefolie legen und zu einem „Bonbon“ zusammenrollen.

Wasser in einem großen Topf zum Kochen bringen. Die Teigrolle zusätzlich in Alufolie wickeln und fest verschließen. Im Kochwasser 20 Minuten bei reduzierter Temperatur ziehen lassen. Den Backofen auf 80 °C vorheizen.

Die Teigrolle in Scheiben schneiden. In einer Pfanne Butterschmalz erhitzen und die Teigscheiben oder „Taler“ darin braun braten, beiseitestellen.

Die Rinderfilets mit Salz und Pfeffer würzen. In einer ofenfesten Pfanne Butterschmalz zerlassen und die Filets darin auf beiden Seiten anbraten. Im Backofen 20 Minuten sanft garen.

Die Ziegenlippen putzen und halbieren. In einer weiteren Pfanne Butterschmalz zerlassen und die Pilze darin kurz anbraten, damit sie ihre gelbe Farbe nicht verlieren. Salzen und pfeffern. Aus der Pfanne nehmen und warm stellen. Den Fond in der Pfanne mit der Fleischbrühe aufgießen, dann mit dem Mehl andicken und mit frisch geriebener Muskatnuss abschmecken. Die Erbsen kurz darin garen und mit einem Schaumlöffel herausheben.

Die Semmelknödeltaler mit Mandelblättchen belegen. Pilze, Rinderfilets, Semmelknödeltaler und Erbsen auf Tellern anrichten. Die Sauce angießen und mit Frühlingszwiebelröllchen dekorieren.

ZIEGENLIPPE IM BOHNENEINTOPF

6 Ziegenlippen (400 g) · 1 Bund Suppengemüse · 4 Frühlingszwiebeln · 100 g magerer Speck · 250 g Buschbohnen · 2 EL Pflanzenöl · 1 Lorbeerblatt · 1 Stängel Bohnenkraut · 1 l Gemüsebrühe · 10 getrocknete Tomaten · 1 EL Butterschmalz · Salz · frisch gemahlener schwarzer Pfeffer

Die Pilze putzen, in mundgerechte Stücke schneiden und beiseitestellen.

Das Suppengemüse putzen und in kleine Stücke schneiden. Die Frühlingszwiebeln putzen, das Weiße fein würfeln und das Zwiebelgrün in Ringe schneiden.

Den Speck würfeln. Die Buschbohnen putzen und in 2 cm große Stücke schneiden.

In einem Topf das Öl erhitzen und das Gemüse, Zwiebelgrün und den Speck darin andünsten. Bohnen, Lorbeerblatt und Bohnenkraut zufügen. Die Brühe angießen und alles bei niedriger Temperatur für 30 Minuten köcheln lassen.

Währenddessen die Tomaten grob schneiden und in den letzten 10 Minuten mitgaren lassen.

In einer Pfanne das Butterschmalz zerlassen und die Pilze darin goldgelb braten.

Den Bohneneintopf mit Salz und Pfeffer abschmecken, Lorbeerblatt und Bohnenkraut entfernen. Zum Servieren die Pilze auf den Eintopf legen und mit den weißen Lauchzwiebeln dekorieren.

HERBSTTROMPETE

Bei **Craterellus cornucopioides,** der Totentrompete oder auch dem Totentrichterling, handelt es sich trotz des erschreckenden Namens um einen wunderbaren Speisepilz mit vielseitigen Einsatzmöglichkeiten. Die Herbsttrompete gehört zur Familie der Pfifferlingsverwandten, der Cantharellaceae, und wächst ab Mitte August bis Ende Oktober vor allem unter Buchen und Eichen. Hat man einmal ein Pilzvorkommen entdeckt, findet man die Herbsttrompeten dort immer wieder. Im gefallenen Laub wachsen recht auffällige, graue bis fast schwarzblaue Trichterpilze in größeren Gruppen, meist büschelig. Je älter der Pilz, desto dunkler die Farbe des Fruchtkörpers und desto welliger, fast runzelig die Textur. Der trichterförmige Hut ist am Rand wellig, bisweilen zerfranst, umgeschlagen, sodass der Pilz Ähnlichkeit mit einer Trompete hat. Am Boden ist der Corpus schmal und dünn, um dann trichterförmig weit auseinanderzugehen. Die Pilze erreichen dabei eine Höhe von bis zu 15 cm und ihre Hüte einen Durchmesser von bis zu 10 cm.

Die Herbsttrompete ist dünnfleischig und das Fleisch ist frisch etwas zäh, was sich aber bei der Verarbeitung verliert. Ihr Geschmack ist mild, vergleichbar etwa mit einer Morchel, und ihr Duft aromatisch sowie leicht erdig. Frisch schmeckt die Herbsttrompete gut in Salaten, sie lässt sich aber auch trocknen und gibt dann im Winter verarbeitet ihr volles Pilzaroma weiter. Fein gemahlen verleiht sie Gerichten ein exquisites Pilzaroma.

Verwechslungen gibt es so gut wie gar nicht, höchstens mit dem ebenfalls essbaren Grauen Leistling.

FICHTENREIZKER

Lactarius deterrimus, auch als Fichten-Blut-Reizker, Blutreizker oder Bitterreizker bekannt, gehört zur Familie der Täublingsverwandten, der Russulaceae. Seine Saison fängt im Juli an und reicht bis in den November. Wie der Name erahnen lässt, findet man ihn ausschließlich unter Fichten. Der Hut des Fichtenreizkers ist im jungen Zustand nahezu gleichmäßig rund. Am Rand zeigt er sich ebenso gleichmäßig gewölbt, meistens sogar regelrecht eingerollt. Später erscheint der Hut wie mittig eingedrückt, diese Vertiefung kann sich sogar fast trichterförmig ausbilden. Die Huthaut des Pilzes ist kahl und wirkt leicht glänzend. Farblich reicht das Spektrum zunächst von Orangerot, das auch in Brauntöne übergehen kann. Ist der Hut „eingedrückt", verfärbt er sich grünlich oder ist mit grünen Flecken bedeckt. Die Sporen sind ockerfarben. Die lachs- bis ockerfarbenen Lamellen des Fichtenreizkers sind am Stiel angewachsen und laufen ein wenig am Stiel herab. Unter Berührung zerbröseln sie leicht. Ist der Pilz älter, sind auf den Lamellen kleine grau-grüne Flecken erkennbar. Der Stiel ist orangerot gefärbt und kann bei älteren Exemplaren innen hohl sein. Beim Anschnitt ist es ratsam, Handschuhe zu tragen, denn der Pilz sondert eine Milch ab, die rasch an der Haut haftet und sehr hartnäckig erhalten bleibt. Die Milch des Fichtenreizkers ist erst karottenrot und wird innerhalb von 30 Minuten dunkelrot.

Zum Essen eignen sich generell am besten ganz junge Pilze. Die brüchigen Stiele werden leider oft von Maden befallen und sollten deshalb besser gleich weggeschnitten werden. Beim Verzehr von Reizker kann der Urin aufgrund der Azulenverbindungen des Pilzes eine rote Farbe annehmen, das ist aber bedeutungslos und verschwindet wieder. Der Duft des Fichtenreizkers erinnert entfernt an Obst, sein Geschmack reicht von mild bis leicht bitter. Wegen letzterer Eigenschaft wird er nicht von jedermann als Speisepilz geschätzt. In der Küche hat der Reizker als Bratpilz aber seinen festen Platz – mit dunklem Fleisch angebraten etwa ist er eine Delikatesse. Junge Exemplare können auch mariniert und dann sauer eingelegt werden. Eine Verwechslung ist mit dem Edelreizker möglich, der ebenfalls in Kiefernregionen vorkommt. Dessen gesamtes Fleisch wird jedoch rot, seine Milch bleibt orangefarben und geschmacklich ist er milder. Alle rotmilchgebenden Reizker sind jedoch essbar. Der giftige Birkenreizker ist dem Fichtenreizker äußerlich ähnlich, sondert aber eine weiße Milch ab.

HERBSTTROMPETENSALAT

500 g Herbsttrompeten (frisch oder getrocknet) · 1 Friséesalat · 4 EL Balsamico · 8 EL feines Pflanzenöl · 1 TL Dijon-Senf · 1 Prise Zucker · 300 g Rinderfiletstreifen · 100 g Parmesan · 1 EL Sprossen nach Belieben · Butterschmalz zum Braten · Salz · frisch gemahlener schwarzer Pfeffer

Die frischen Herbsttrompeten putzen und eventuell halbieren. Getrocknete Pilze in etwas heißem Wasser 15 Minuten aufgehen lassen.

Den Salat putzen und zerzupfen. Aus Balsamico, Öl, Senf und Zucker eine Vinaigrette anrühren, mit Salz und Pfeffer abschmecken und über den Salat geben.

In einer Pfanne bei mittlerer Temperatur das Butterschmalz zerlassen und die Pilze darin anbraten, die Filetstreifen zufügen und mitbraten, alles gut würzen.

Die Pilze mit den Filetstreifen auf den angerichteten Salat legen.

Den Parmesan großzügig darüberhobeln und zum Servieren Sprossen darübergeben.

HERBSTTROMPETEN MIT TAGLIATELLE

10 kleine Herbsttrompeten (ca. 300 g) · 4 Schalotten · 500 g Kirschtomaten · 50 ml dunkle Balsamicocreme · 1 kleines Bund Basilikum · 1 roter Chili · 1 EL Olivenöl zzgl. etwas Öl für die Nudeln · 2 EL dunkle Sojasauce · 2 EL dunkler Portwein · 500 g Tagliatelle · 100 g Parmesan · Salz · frisch gemahlener schwarzer Pfeffer

Die Herbsttrompeten putzen und halbieren. In einem Topf Salzwasser für die Pasta zum Kochen bringen.

Die Schalotten schälen und fein würfeln. Die Tomaten waschen und vierteln, in eine Schüssel füllen und etwas von der Balsamicocreme über die Tomaten träufeln. Das Basilikum waschen, trocken schütteln, die Blätter abzupfen und grob hacken. Die Chilischote halbieren, entkernen und fein schneiden.

In einer großen, tiefen Pfanne das Olivenöl erhitzen und die Schalotten darin anbräunen. Sojasauce, Portwein und Balsamicocreme dazugeben und alles etwas reduzieren.

Die Nudeln al dente kochen und durch ein Sieb abgießen, dann in etwas Olivenöl schwenken.

Zur Reduktion in der Pfanne die Tomatenviertel, die Herbsttrompeten und die Chilischote geben und kurz mitdünsten lassen. Die Tagliatelle in der Pfanne mitschwenken.

Zum Servieren mit dem Basilikum bestreuen und den Parmesan grob darüberhobeln.

HERBSTTROMPETENSALAT

GEBRATENE EINGELEGTE FICHTENREIZKER

FICHTENREIZKERKNÖDEL

400 g Fichtenreizker · 1 Zwiebel · 1 kleines Bund krause Petersilie · 40 g Butter zzgl. Butter zum Beträufeln · 250 ml Milch · 6 Brötchen · 50 g Mehl · 2 Eier · Salz · frisch gemahlener schwarzer Pfeffer

Die Fichtenreizker putzen und in größere Stücke schneiden. Die Zwiebel schälen und fein hacken. Die Petersilie waschen, trocken schütteln und grob hacken. In einer Pfanne die Butter zerlassen, die Zwiebel andünsten und die Hälfte der Petersilie zufügen. Die Pilze zugeben und alles kurz braten. Beiseitestellen und ein wenig abkühlen lassen.

In einem Topf die Milch erwärmen. Die Brötchen klein schneiden, in eine Schüssel füllen und mit der warmen Milch übergießen. Mehl und Eier zugeben und alles gut vermischen, mit Salz und Pfeffer abschmecken.

In einem großen Topf Salzwasser zum Kochen bringen. Die Pilzmischung unter den Teig heben und mit feuchten Händen runde Knödel formen. Diese in das kochende Wasser gleiten lassen, die Temperatur reduzieren und etwa 20 Minuten köcheln lassen. Zum Servieren die Reizkerknödel mit der restlichen Petersilie bestreuen und mit flüssiger Butter beträufeln.

GEBRATENE EINGELEGTE FICHTENREIZKER

Für 2 kleinere Gläser oder 1 großes Glas (1 l Volumen)
Für die eingelegten Fichtenreizker: 400 g frische Fichtenreizker · 70 g Meersalz · 150 ml Weißweinessig · 1 Prise Zucker · 2 Lorbeerblätter · 10 Pfefferkörner · 400 g Rapsöl · 200 g grüne Bratpaprikas · Olivenöl zum Braten · grobes Meersalz

Die Fichtenreizker putzen, in kleinere Stücke schneiden und mit dem Salz vermischen. In ein Glas füllen, 500 ml Wasser aufgießen und das Glas fest verschließen. Eine Nacht ziehen lassen. Abgießen und die Pilze trocken tupfen.

Den Essig mit dem Zucker aufkochen und die Pilze darin portionsweise kurz kochen. Herausnehmen, abtropfen lassen und auf einem sauberen Küchentuch auskühlen lassen, das dauert etwa 2 Stunden.

Mit den Lorbeerblättern und den Pfefferkörnern in Gläser abfüllen. Mit dem Rapsöl auffüllen und die Gläser gut verschließen. Die Fichtenreizker sollten etwa 2 Wochen ziehen, bis sich ihr ganzes Aroma entfaltet.

In einer Pfanne das Olivenöl erhitzen und die Paprika so lange darin braten, bis sie heller werden und ihre Haut kleine Blasen bekommt, dann mit Meersalz bestreuen. Einige Fichtenreizker aus dem Glas dazugeben und kurz mitbraten.

Dazu schmecken nach Gusto kleine Frikadellen, Rindfleisch oder Putenfleisch sowie ein kräftiges Bauernbrot.

MORCHEL

Morcheln wie die Käppchenmorchel **Morchella gigas**, die Speisemorchel **Morchella esculenta** und die Spitzmorchel **Morchella conica** gehören zur Familie der Morchellaceae und sind exquisite Speisepilze. Die Saison der Morcheln beginnt im zeitigen Frühjahr und endet im Frühsommer – erfahrene Sammler wissen, wann es Zeit ist, sich mit Korb und Pilzmesser auf den Weg zu machen: Das Erscheinen der Morcheln setzt mit dem Ruf des Kuckucks ein. Der tibetanische Name des Pilzes lautet denn auch „Khukhu Shamu". Allerdings ist die Morchel, was ihren „Wohnsitz" betrifft, eine launische Diva: Sie wechselt ihren Standort – fand man sie im letzten Jahr an Rindenmulchplätzen, im Park, an Waldlichtungen oder an Grasböschungen, so zieht es sie im nächsten Jahr an ganz andere Plätze, die es dann neu zu entdecken gilt. Morcheln können bis zu 20 cm groß, also ganz stattlich, werden. Ihr Stiel hat eine weiße, dickliche Basis, um in Richtung Hut leicht körnig und hellbeige zu werden. Stiel und Hut sind hohl und sehr mürb. Letzterer ist 3 bis 8 cm im Durchmesser und in der Form recht unterschiedlich: Von eiförmig bis stumpfkegelig sind alle Formvarianten vertreten. Charakteristisch für das Erscheinungsbild des Hutes sind tiefe „Waben". Ebenso unterschiedlich können die Farbschattierungen des Hutes, nämlich von hellbraun bis honigfarben, ausfallen.

Wird sein Duft von Köchen bereits als fein und angenehm zart beschrieben, so geraten sie bei der Beschreibung des leicht erdigen Nussaromas mit feinem Karamellton gar in Begeisterung. So ist die kulinarische Verwendbarkeit der Morchel auch breit gefächert: Von Morcheln naturell über gefüllte Hüte bis zur Liaison mit Spargel sind der Kreativität keine Grenzen gesetzt. Getrocknete Morcheln sind übrigens das ganze Jahr über erhältlich und erweisen sich in dieser Form auch als Würze bereichernd.

Wichtig: Frische Morcheln sind giftig. Sie sind zwar nicht tödlich giftig, aber der Magen reagiert nach dem Genuss frischer Morcheln sehr gereizt. Erst nach dem Kochen, Anbraten oder Braten verlieren die giftigen Inhaltsstoffe ihre Wirkung. Auch das Kochwasser immer weggießen!

Verwechslungsgefahr besteht mit der Frühlingslorchel, die manchmal direkt neben der Speisemorchel steht. Aber die Frühlingslorchel ist leicht zu enttarnen: Der Lorchelhut ist lappig, etwas körnig und an der Oberfläche klebrig. Der Stiel der Lorchel ist runzelig und gefurcht.

MORCHELN AN LACHSFILETS

400 g Morcheln · 2 frische Frühlingszwiebeln · 4 EL Butter · 200 ml Fischfond · 125 ml Weißwein · 400 g Lachsfilet · Saft von ½ Zitrone · 1 Stängel Estragon · 100 g Crème double · Salz · frisch gemahlener weißer Pfeffer

Die Morcheln putzen und sorgfältig waschen. Die Frühlingszwiebeln putzen und in sehr feine Ringe schneiden.

In einer Pfanne 2 EL Butter zerlassen und die Frühlingszwiebelringe darin andünsten. Die Morcheln dazugeben und etwa 10 Minuten darin mitdünsten. Mit dem Fond und dem Weißwein ablöschen und alles 20 Minuten köcheln lassen.

Die Lachsfilets säubern, salzen und mit Zitronensaft beträufeln. In einer weiteren Pfanne die restliche Butter zerlassen und die Lachsfilets darin von beiden Seiten für 2 Minuten braten, eventuell nachwürzen.

Den Estragon waschen, trocken schütteln und fein hacken. In die Morchelsauce die Crème double einrühren und den Estragon zufügen.

Die Lachsfilets mit der Morchelsauce anrichten. Dazu schmeckt ein feiner Basmati-Reis.

MORCHELN AN FORELLENFILETS MIT MORCHELSAHNE

80 g Morcheln · 2 EL Butter zzgl. Butter für die Form · 2 EL trockener Sherry · 150 g Sahne · 30 ml Milch · 1 Prise frisch geriebene Muskatnuss · 4 Forellenfilets (vom Fischhändler) · 2 Schalotten · 1 unbehandelte Limette · Salz · frisch gemahlener weißer Pfeffer

Die Morcheln gründlich säubern und waschen, vor allem in den Hohlräumen. Gut abtrocknen. Die unteren Stielenden abschneiden, aber für die Morchelsahne beiseitelegen.

In einer Pfanne bei mittlerer Temperatur die Butter aufschäumen und 50 g der Morcheln darin anschwitzen. Mit Salz und Pfeffer würzen und mit Sherry ablöschen. Anschließend weich dünsten. Die Pfanne vom Herd nehmen, aber die Pilze warm halten.

In einem Topf die Sahne mit der Milch aufkochen. Die übrigen 30 g Morcheln vierteln und mit den abgeschnittenen Stielenden etwa 45 Minuten in der Sahnemilch köcheln lassen, danach pürieren und kräftig mit Muskatnuss, Salz und Pfeffer würzen.

Den Backofen auf 120 °C vorheizen.

Die Forellenfilets würzen. Die Schalotten schälen und in Scheiben schneiden, die Limette ebenfalls in sehr feine Scheiben schneiden.

Die Filets in eine gebutterte ofenfeste Form legen, die Schalotten- und Limettenscheiben darauf platzieren und bei Bedarf nachwürzen. Mit Alufolie abdecken und etwa 10 Minuten im Ofen garen.

Zum Servieren die Morcheln auf die Forellenfilets geben und die Morchelsahne angießen.

Zum Auftunken der Sauce Baguette dazureichen.

MORCHELN UND SPARGEL

200 g frische Morcheln · 3 Stängel glatte Petersilie ·
2 Schalotten · 150 g Butterschmalz · 4 cl Sherry · 100 ml Geflügelfond · 1 kg weißer Spargel ·
Meersalz · frisch gemahlener weißer Pfeffer

Die Stielenden der Morcheln abschneiden. Die Köpfe in kaltem Wasser mehrmals abwaschen, auch innen, damit alle Anhaftungen beseitigt werden. Mit Küchenkrepp vorsichtig abtrocknen und die größeren Pilze eventuell halbieren.

Die Petersilie waschen, trocken schütteln und fein schneiden. Die Schalotten schälen und in feine Scheiben schneiden. In einer Pfanne 50 g Butterschmalz erhitzen. Die Schalotten darin glasig werden lassen, dann aus der Pfanne nehmen.

Die Morcheln in die Pfanne geben und kurz anbraten. Dann zunächst mit dem Sherry, danach mit dem Geflügelfond ablöschen und die Pilze eine Weile darin köcheln lassen.

In der Zwischenzeit den Spargel schälen, halbieren oder dritteln. In einer großen Pfanne das restliche Butterschmalz erhitzen, die Spargelstücke darin nebeneinander liegend kurz goldbraun anbraten und dann für 10 Minuten bei niedriger Temperatur brutzeln lassen. Die Morcheln aus der Pfanne nehmen und vorsichtig auf die Spargelstücke platzieren. Den Sherryfond darübergießen, salzen und pfeffern. Die Petersilie und die Schalotten darübergeben.

MORCHELN UND SPARGEL

PFEFFERRÖHRLING

Chalciporus piperatus, syn. Boletus piperatus auch Pfeffriger Zwergröhrling genannt, erweist sich wegen seines scharfen Geschmacks als eher mäßiger Speisepilz, dafür aber als bedeutender Würzpilz. Sammler finden den Pilz aus der Familie der Dickröhrlingsverwandten, der Boletaceae, in Nadelwäldern (vor allem in Kiefern- und Fichtenwäldern) mit saurem, kalkhaltigem Boden von Juli bis Oktober. Er tritt recht häufig, an geeigneten Stellen sogar in kleinen Gruppen, auf. Der Hut des Pfefferröhrlings erscheint polsterförmig und ist halbkugelig, er erreicht einen Durchmesser von etwa 7 cm. Der gesamte Pilz kann eine Höhe von 10 cm erreichen. Der Hut ist orange- oder zimtfarben bis braun, seine Haut ist glatt und glänzend; bei Regennässe kann sie leicht klebrig werden. Die Röhren sind von grober Struktur, bisweilen fast eckig, und von orangebrauner Farbe. Sie sind am Stiel angewachsen und können etwas an diesem herablaufen. Der Stiel selbst wächst manchmal ein wenig gekrümmt. Er ist von gleicher Farbe wie der Hut, nur an seiner Basis von auffallendem Zitronengelb.

Das Fleisch des Pfefferröhrlings ist dünn, weich und hellgelb, direkt unter der Huthaut allerdings rötlich. Der Duft des Pilzes ist angenehm, im Geschmack ist er, wie bereits sein Name vermuten lässt, recht pfeffrig-scharf. Frisch oder getrocknet würzt der Pilz viele Speisen – er kann gemahlen sogar als Pfefferersatz verwendet werden. Verwechselt werden kann er allenfalls mit den Kuhröhrlingen oder rostroten Lärchenröhrlingen. Sie sind ebenfalls essbar, es fehlt ihnen jedoch an der Schärfe.

ECHTER KNOBLAUCHSCHWINDLING

Mycetinis scorodonius, syn. Marasmius alliatus gilt als hervorragender Würzpilz. Die Hauptsammelsaison ist im Sommer bis hinein in den Herbst. Der kleine Echte Knoblauchschwindling oder Echte Mousseron ist ein Lamellenpilz der Familie der Marasmiaceae, der Schwindlingsverwandten. Unter den Speisepilzen ist er ein wahrer „Zwerg", dessen Hut nicht größer wird als 1 bis 3 cm im Durchmesser; der Hut ist oft runzelig und hat einen kleinen Buckel. Der dünne, kahle Stiel wird 2 bis 6 cm lang und ist glänzend braun bis rotbraun. Die cremefarbenen Lamellen des Knoblauchschwindlings stehen unterschiedlich weit und sind am Stiel buchtig angeheftet. Die Sporen des Pilzes sind weiß. Das Fleisch ist dünn und eher weich in der Konsistenz. Die wahre Stärke des Echten Knoblauchschwindlings liegt in seiner hocharomatischen Knoblauchwürze, die er selbst im getrockneten Zustand beibehält. Dabei ist der Duft, den er verströmt, stark, aber immer noch sehr angenehm. Die „Lieblingsstandorte" des Echten Knoblauchschwindlings sind die Nadelwälder. Direkt am Boden wächst er in großer, geselliger Runde – der Knoblauchduft führt einen Sammler direkt ans Ziel. Duftet es im Wald nach Knoblauch, darf man sicher sein, dort entweder Bärlauch oder Knoblauchschwindlinge zu finden!

Da dieser Winzling, wie erwähnt, kaum Fleisch besitzt, darf er sein Talent in der Küche würzend entfalten. Wie gut, dass er sich so wunderbar trocknen und lange (bis zur nächsten Erntesaison) lagern lässt! Nach dem Sammeln sollte man ihn abbürsten, bei Bedarf von Tannennadeln und Erdresten befreien und zum Trocknen bei sehr niedriger Temperatur auf Backpapier in den Backofen legen. Verwenden lässt er sich ganz unkompliziert in allen Länderküchen, die mehr als einen Hauch Knoblauch vertragen. Einem asiatischen Wokgericht etwa setzt der Knoblauchschwindling geschmacklich das i-Tüpfelchen auf. Das Beste daran: Nach dem Genuss des Pilzes hat niemand unangenehme Ausdünstungen zu befürchten.

Verwechslungsgefahr besteht mit dem Großen Knoblauchschwindling sowie dem Saitenstieligen Knoblauchschwindling. Beide weisen eine recht unangenehme Knoblauchschärfe auf, die sich direkt beim vorsichtigen Probieren entfaltet. Der Stiel beider Arten ist matt und nicht so glatt wie bei dem echten „Vetter".

PFEFFERRÖHRLINGSSAUCE MIT NUDELN UND SCHINKENCHIPS

4 Pfefferröhrlinge (frisch oder getrocknet) · 3 EL Butterschmalz · 125 ml Rotwein · 100 ml Gemüsebrühe · 200 g Sahne · 50 g Crème double · 50 g Butter, kalt · 2 EL Portwein · 250 g breite Nudeln (nach Belieben) · 1 Stängel frischer Salbei · 12 getrocknete Tomaten in Öl (aus dem Glas) · 200 g luftgetrocknete Bündner Schinkenchips · frisch gemahlener schwarzer Pfeffer

Die frischen Pfefferröhrlinge putzen und in Stücke schneiden. Getrocknete Pilze im Mörser grob mahlen. In einer Pfanne bei hoher Temperatur das Butterschmalz zerlassen und die Pilze darin kräftig anbraten, ihr scharfer Geschmack verliert sich beim Braten. Aus der Pfanne nehmen, abkühlen lassen und die frischen Pilze pürieren. In einem Topf den Rotwein kurz aufkochen und mit der Brühe löschen. Die Sahne und die Crème double zugeben und alles einkochen lassen. Das Pilzpüree zufügen und alles sämig einkochen lassen. Dann die kalte Butter stückchenweise zugeben. Die Temperatur reduzieren – die Pilzsauce sollte jetzt nicht mehr kochen. Würzen und zum Schluss den Portwein zugeben.

In einem Topf Salzwasser zum Kochen bringen und die Nudeln nach Packungsangaben al dente kochen und abgießen. Währenddessen den Salbei waschen, trocken schütteln und die Blätter abzupfen. Eine Pfanne erhitzen, die in Öl marinierten Tomaten mit den Salbeiblättern schmoren und kräftig pfeffern.

Zum Servieren Nudeln, Tomaten, Salbei, etwas Pfefferröhrlingssauce und die Schinkenchips anrichten.

PFEFFERRÖHRLINGSSAUCE MIT NUDELN UND SCHINKENCHIPS

ASIAPFANNE MIT KNOBLAUCHSCHWINDLINGEN

KNOBLAUCHSCHWINDLING IN BEURRE BLANC

4–6 Knoblauchschwindlinge · 4 Schalotten · 100 ml kräftiger Rotwein · 200 g eiskalte Butter · Salz · frisch gemahlener schwarzer Pfeffer

Die Knoblauchschwindlinge putzen, die Stiele und die Pilzhüte klein schneiden. Die Schalotten schälen und fein schneiden.

In einer Kasserolle den Rotwein mit den Schalotten einkochen, bis eine marmeladenähnliche Konsistenz erreicht ist. Die Butter in mittelgroße Würfel schneiden, nach und nach zugeben und mit dem Schneebesen unterrühren. Dabei wird die Sauce cremig.

Die geschnittenen Knoblauchschwindlinge dazugeben und alles einmal kurz erhitzen, währenddessen kräftig mit dem Schneebesen schlagen. Die Kasserolle vom Herd nehmen, die Sauce gut salzen und pfeffern. Die Sauce passt mit ihrem kräftigen Aroma hervorragend zu kurz gebratenem Fleisch.

ASIAPFANNE MIT KNOBLAUCHSCHWINDLINGEN

4–6 Knoblauchschwindlinge · 3 EL Sonnenblumenöl · 220 g Karotten, in Scheiben geschnitten · 150 g Zuckerschoten · 100 g kleine weiße Champignons · 1 orangefarbene Paprika, in Streifen geschnitten · 150 g tiefgekühlte Erbsen · 5 Brokkoliröschen · 1 Staudenselleriestange, in Scheiben geschnitten · 150 ml Gemüsebrühe · 1 TL gemahlener Ingwer · 1 EL Tomatenmark · 1 Handvoll Sprossen (nach Belieben)

Die Knoblauchschwindlinge bei Bedarf säubern und den Stiel etwas kürzen.

In einer Pfanne 1 EL Sonnenblumenöl erhitzen und die Knoblauchschwindlinge darin andünsten, damit sie ihr Aroma freigeben.

In einem Wok das restliche Sonnenblumenöl erhitzen. Das Gemüse in den Wok geben und etwa 10 Minuten darin braten. Nach und nach die Gemüsebrühe zugeben, dann den Ingwer und das Tomatenmark unterrühren.

Zum Schluss die Knoblauchschwindlinge als Knoblauchersatz zufügen und in der Asiapfanne garen.

Die Sprossen darüber verteilen und mit gekochtem Reis servieren.

DUNKLER HALLIMASCH

Armillaria ostoyae, syn. Armillaria solidipes, der Hallimasch, gehört zur Ordnung der Champignonartigen und zur Familie der Physalacriaceae (Rindenschwammartige). Zu finden ist er am ehesten vom späten Sommer an bis in den frühen Winter hinein. Er ist sehr widerstandsfähig. Der Hallimasch richtet an Holz großen Schaden an. Dabei ist er nicht wählerisch, sondern greift bis auf junge Laubbäume, Weißtannen und Eiben fast jedes Holz an. Diese Pilzart existiert nahezu unverändert seit über 1.000 Jahren und ihre Ausdehnungsflächen sind immens. Die Artenvielfalt ist dabei groß, allein im europäischen Raum gibt es sieben verschiedene, aber gut erkennbare Hallimasch-Arten. Am häufigsten zu finden ist der dunkle Hallimasch, der in Büscheln auf Laub- und Nadelhölzern siedelt. Sein bräunlicher, manchmal gelblich-brauner Hut ist mit haarigen, dunklen Schüppchen bedeckt, die in der Mitte dichter auftreten als am Rand. Bei jungen Pilzen ist der Hutrand eingerollt, später wird er flacher, manchmal sogar eingedrückt. Die Lamellen sind weiß bis rotgelb, bräunlich oder bei älteren Exemplaren dunkel gefleckt und setzen sich am Stiel etwas fort. Dieser ist bedingt durch das Auftreten in Büscheln etwas gekrümmt. Der Stiel ist gelblich-braun und wird zum unteren Ansatz hin dunkler. Unterhalb einer Manschette ist der Stiel oft mit flockigen Schuppen besetzt.

Das Fleisch des Hutes ist weich, das Stielfleisch allerdings faserig und zum Essen ungeeignet. Für die Zubereitung ist unbedingt zu beachten: Roh ist der Hallimasch ungenießbar und giftig. Hält man sich aber an die Regeln, genießt man ein leckeres Pilzgericht: Beim Putzen am besten die zähen Stiele abschneiden. Den Hallimasch mindestens 8 Minuten in kochendem Wasser blanchieren und das Wasser weggießen. Am besten schmeckt der Hallimasch als Einlage oder püriert in Suppen auf Sahnebasis.

STOCKSCHWÄMMCHEN

Kuehneromyces mutabilis, das Gemeine Stockschwämmchen, ist ein sehr schmackhafter Speisepilz. Seine Saison erstreckt sich von Mai bis in den späten Herbst, manchmal sogar noch bis in den Winter, wenn es nicht zu kalt ist. Das Stockschwämmchen, ein Blätterpilz, gehört zur Familie der Strophariaceae, der Träuschlingsverwandten. Seine Lamellen sind gelblich bis hellbraun und laufen ein wenig am Stiel hinab. Der Stiel ist das wichtigste Merkmal zur absolut korrekten Bestimmung des Stockschwämmchens: Er ist dünn und schuppig, oberhalb des abstehenden Ringes ist er hellgelb, unterhalb dunkel und sparrig mit kleinen braunen abstehenden Schüppchen; er ist niemals glänzend. Der Hut kann hell bis dunkelbraun sein, er ist spitzbuckelig, kahl und gerieft. Bei Nässe wird er feucht und sieht fleckig glänzend (hygrophan) aus. Das Stockschwämmchen wächst sehr gesellig und büschelig an und auf Stümpfen und morschen Stämmen im Wald. Es lebt saprobiontisch von verrottendem Holz.

Das Fleisch des angenehm würzig duftenden Pilzes ist dünn und gelblich, im Geschmack ist es mild und nussig. In der Küche verwendet man nur die Hüte junger, fester, kleiner Pilze. Die Stiele werden nicht verwendet. Die Hüte des Pilzes schmecken in Streifen gebraten, klein geschnitten auf einer Pizza und halbiert auch besonders gut in einer herzhaften Crème brulée. Sie lassen sich hervorragend einlegen und sind in einer Ölmarinade haltbar.

Stockschwämmchen sollten nur von sehr erfahrenen Sammlern oder in Begleitung eines Führers gesammelt werden, der die Pilze begutachten kann. Denn Verwechslungsgefahr besteht nicht nur mit dem essbaren Rauchblättrigen Schwefelkopf, einem guten Speisepilz, sondern mit dem tödlich giftigen Nadelholzhäubling (Galerina marginata), dessen Stiel silbrig glänzt und der muffig riecht. Ebenso kann das Stockschwämmchen mit dem giftigen Grünblättrigen Schwefelkopf und dem ebenso giftigen Ziegelroten Schwefelkopf verwechselt werden.

HALLIMASCH-LINSEN-SUPPE

300 g Hallimasch · 150 g Zwiebeln · 1 Knoblauchzehe · 2 Thymianzweige · ½ Karotte · 5 EL Olivenöl · 1 Dose gelbe Linsen (400 g) · 750 ml Gemüsebrühe · 200 g Sahne · 1 Prise Cayennepfeffer · 1 TL Currypulver · Saft und Schale von 1 unbehandelten Zitrone · 4 Scheiben durchwachsener Speck, in Streifen geschnitten · Salz · frisch gemahlener schwarzer Pfeffer

Die Hallimaschpilze putzen und die Stiele abschneiden. In einem Topf leicht gesalzenes Wasser aufkochen und die Pilze darin 10 Minuten kochen lassen. Danach das Wasser weggießen und die Pilze warm halten.

Die Zwiebeln und den Knoblauch schälen und würfeln. Die Thymianzweige waschen, trocken schütteln und die Blätter abzupfen. Die Karotte schälen und fein hobeln oder reiben.

In einer Pfanne 2 EL Olivenöl erhitzen und Zwiebeln, Knoblauch, Thymianblätter und Karotte goldgelb anbraten. Beiseitestellen und warm halten.

Die Linsen abgießen, mit der Brühe und der Sahne in einen Topf geben und köcheln lassen. Mit Cayennepfeffer und Curry würzen, dann pürieren und durch ein Sieb streichen. Die Zwiebeln-Karotten-Mischung dazugeben. Die Zitronenschale abreiben, den Saft auspressen und beides in die Suppe geben, salzen und pfeffern.

Die Speckstreifen in einer heißen Pfanne ohne Fett knusprig anbraten und auf Küchenpapier abtropfen lassen. Die Suppe nochmals erhitzen, mit einem Pürierstab aufschäumen und in tiefe Teller füllen. Die Pilzköpfe darüber verteilen, die Speckstreifen obenauf legen und dann servieren.

HALLIMASCH-LINSEN-SUPPE

CRÈME BRULÉE MIT STOCKSCHWÄMMCHEN

CRÈME BRULÉE MIT STOCKSCHWÄMMCHEN

200 g Stockschwämmchen · 1 Vanilleschote · 200 g Sahne · 150 ml Milch · 2 Eier · 2 Eigelb · 30 g brauner Rohrzucker · Salz

Den Backofen auf 150 °C vorheizen und für das Wasserbad eine mit Wasser gefüllte Form zum Aufwärmen hineinstellen.

Die Stockschwämmchen putzen und die Stiele abschneiden. Einige Pilze für die Dekoration beiseitelegen, die restlichen in Scheiben schneiden.

Die Vanilleschote auskratzen. In einem Topf das Mark mit Sahne, Milch und 1 TL Salz aufkochen.

Eier und Eigelb miteinander verquirlen. Die Mischung durch ein feines Sieb passieren, um nicht gelöstes Eiweiß herauszufiltern. Die heiße Sahne-Milch-Mischung langsam unter die Eier rühren. Die Creme in feuerfeste Förmchen gießen – nicht zu voll, da später die Pilzscheiben mit eingelegt werden.

Im Wasserbad im Backofen für etwa 40 Minuten stocken lassen. Die Förmchen mit der Creme aus dem Ofen nehmen und abkühlen lassen.

Zum Servieren den Rohrzucker mit etwa 10 g Salz mischen und auf die gestockte Creme verteilen. Kleine Pilzscheiben dazulegen. Vorsichtig mit dem Bunsenbrenner karamellisieren, die Pilze sollten nicht schwarz werden. Mit den übrigen Pilzen dekorieren. Dazu einen bunten Salat und ein frisches Baguette reichen.

SPAGHETTI-STOCKSCHWÄMMCHEN-GRATIN

250 g frische Stockschwämmchen (alternativ aus dem Glas) · 250 g Spaghetti · 1 Schalotte · 1 Knoblauchzehe · 3 EL Pflanzenöl · 1 Thymianzweig · 1 Oreganozweig · 100 g roher Schinken, gewürfelt · 1 TL Zitronensaft · 1 kleine Dose stückige Tomaten (240 g) · 80 g Parmesan · Fett für die Form · Salz · frisch gemahlener schwarzer Pfeffer

Den Backofen auf 200 °C vorheizen.

Die frischen Stockschwämmchen putzen, die Stiele kurz abschneiden. Stockschwämmchen aus dem Glas abgießen und abtropfen lassen.

Die Spaghetti nach Packungsanleitung bissfest kochen, abgießen und abschrecken. In eine gefettete Auflaufform füllen.

Schalotte und Knoblauch schälen und würfeln. In einem Topf das Pflanzenöl erhitzen und Schalotte und Knoblauch darin glasig werden lassen. Thymian- und Oreganozweig waschen, trocken schütteln und die Blätter abzupfen. Ebenfalls in den Topf geben und darin andünsten. Die Schinkenwürfel zufügen und kurz mit anbraten. Zitronensaft und Tomaten zugeben und alles 15 Minuten köcheln lassen. Salzen und pfeffern.

Die Sauce über die Spaghetti gießen und die Pilze darauf verteilen. Den Parmesan darüberhobeln. Im Ofen 30 Minuten überbacken. Dazu schmeckt ein grüner Salat.

KRAUSE GLUCKE

Bei **Sparassis crispa**, auch Fette Henne oder Krause Glucke, handelt es sich um einen sehr ergiebigen Speisepilz. Seine Hauptsaison ist der Spätsommer bis Herbst. Die Krause Glucke kann bis zu 30 cm im Durchmesser, 20 cm hoch und 5 kg schwer werden – ein echter Glücksfall für jeden Sammler. Die Krause Glucke findet man an und unter Nadelhölzern. Sie bevorzugt Kiefern und verursacht als Schmarotzer im Holz die Braunfäule. Das tut dem bei manchem Förster also unbeliebten Pilz geschmacklich jedoch keinen Abbruch. Der Pilz sitzt sehr gedrungen und fast wie ein Kohlkopf auf einem Strunk, der sich wiederum aus vielen sehr verästelten und verzweigten einzelnen Strünken zusammensetzt. Sie sind, ähnlich wie bei einem Blumenkohl, innen hohl. In trockenem Zustand ist der Pilz deshalb sehr fragil und zerbrechlich. Die Fleischfarbe des Pilzes variiert von weiß über hellgelb bis cremefarben.

Im Geschmack ist er nussig-würzig, sein Duft angenehm aromatisch. Die Krause Glucke ist in der Küche vielseitig verwendbar: mit Zwiebeln und Eiern gebraten, in Verbindung mit leckeren Saucen oder in Scheiben geschnitten und paniert – an Rezepten mangelt es nicht. Wegen der vielen Verästelungen ist die Reinigung besonders wichtig. Der Pilz lässt sich allerdings wunderbar abbrausen oder in der Badewanne ausschwenken und dann trocknen. Bemerkenswert ist auch die Haltbarkeit: Im Kühlschrank kann die Krause Glucke mindestens 1 Woche unbedenklich aufbewahrt werden; alternativ wird sie eingefroren oder auch getrocknet. Verwechseln kann man sie mit dem Klapperschwamm oder dem Ästigen Stachelbart – aber beide Pilze sind ebenfalls essbar.

VIOLETTER LACKTRICHTERLING

Laccaria amethystina, der Violette oder Amethystblaue Lacktrichterling oder Violette Bläuling, ist ein ganz kleiner, aber trotzdem sehr feiner Speisepilz. Der Lacktrichterling gehört zur Familie der Heidetrüffelverwandten, der Hydnangiaceae. Seine geringe Größe macht er wett durch eine intensive, satt violette Farbe, allerdings nur, wenn er frisch und feucht ist. In trockenem Zustand verblasst die Farbe zunehmend. Zu finden ist der farbenfrohe Pilz von Juli bis November bevorzugt an Standorten in gemischten Laub- und Nadelwäldern. Seine Lamellen sind dicklich, weit auseinanderstehend, am Stiel herablaufend und gerade angewachsen. Auch die Lamellen sind von intensiv violetter Farbe, die hier allerdings beim Trocknen im Gegensatz zum übrigen Pilz nicht verblasst. Die Sporen sind weißlich. Der Hut ist stark gewölbt und wirkt wie ein Helm. Bei älteren Pilzen ist der Hut am Rand manchmal gerieft und auf der Oberfläche grob gefurcht. Der Stiel des Violetten Lacktrichterlings erreicht eine Länge von 3 bis 8 cm und einen Durchmesser von bis zu 8 mm, er wirkt bisweilen leicht faserig.

Die Fleischfarbe des Pilzes ist durchgehend violett, das Fleisch schmeckt erstaunlich aromatisch, leicht süßlich. Der feine Duft dagegen ist unauffällig. Pluspunkt in der Küche ist neben dem feinen Aroma der auffällige Farbakzent, die der Pilz etwa in Kombination mit getrockneten roten Tomaten setzt.

Der Violette Lacktrichterling hat zwei erwähnenswerte Doppelgänger: Den leicht giftigen Gemeinen Rettich-Helmling sowie den Schwarzgezähnelten Rettich-Helmling, die beide nicht dieselbe tiefviolette Farbe zeigen und deren Lamellenscheiden schwärzlich gefärbt sind.

KRAUSE-GLUCKE-SAUCE MIT EIERN

400 g Krause Glucke · 8 Eier · 125 ml Weißwein · 120 ml Gemüsefond · 1 Schalotte · 50 g Butter, kalt · 250 g Sahne · 1 Bund Kerbel zum Garnieren · Salz · frisch gemahlener weißer Pfeffer

Die Krause Glucke sehr gründlich waschen, trocken schütteln und in kleinere Stücke schneiden. Die Eier hart kochen.

In einer Kasserolle den Weißwein zum Kochen bringen, mit dem Fond aufgießen und etwa 3 Minuten sprudelnd reduzieren.

Die Schalotte schälen und fein schneiden. In einer Pfanne 20 g Butter zerlassen und die Schalotte darin glasig werden lassen.

In den reduzierten Fond die Schalotte, die Sahne hinzufügen und die Sauce cremig einkochen. Die Temperatur reduzieren und die restliche kalte Butter in kleinen Flöckchen unter die Sauce rühren. Würzen und zum Schluss die Krause Glucke zugeben. Etwa 5 Minuten ziehen lassen.

Den Kerbel waschen, trocken schütteln und die Blätter abzupfen. Zum Servieren die halbierten Eier auf eine Platte legen, die Pilzsauce dazugießen und zum Schluss mit Kerbelblättern garnieren. Ein frisches Baguette rundet die Mahlzeit ab.

KRAUSE GLUCKE AUF OFENKARTOFFELN MIT PARMESANKRUSTE

600 g Krause Glucke · 1 kg große, festkochende Kartoffeln · 4 altbackene Toastbrotscheiben · 8 Oreganozweige · 80 g Butterschmalz · 150 g Parmesan · 2 EL Butter · Salz · frisch gemahlener schwarzer Pfeffer

Den Backofen auf 200 °C vorheizen.

Die Krause Glucke sorgfältig waschen und trocken schütteln. In gleich große Stücke zupfen und beiseitelegen. Die Kartoffeln abbürsten und in einem Topf mit gesalzenem Wasser 25 Minuten garen. Währenddessen das Toastbrot fein in eine Schüssel reiben oder krümeln. Die Oreganozweige waschen, trocken schütteln und die Blätter abzupfen.

In einer Pfanne das Butterschmalz erhitzen und die Oreganoblätter darin mit den Toastbröseln etwa 5 Minuten rösten. Zurück in die Schüssel füllen, gut würzen und die Hälfte vom Parmesan darüberreiben. Alles gut vermischen. Die Kartoffeln abgießen und abkühlen lassen. Halbieren und mit der Schnittfläche nach oben in eine Auflaufform setzen. Kräftig würzen und die Kräuter-Brösel-Mischung auf die Kartoffeln streuen, darauf die Pilzstücke legen. Die Butter in kleinen Flöckchen darübergeben und den restlichen Parmesan darüberreiben. Das Kartoffel-Pilz-Gericht im Ofen etwa 15 Minuten backen.

Dazu passt ein frischer grüner Salat.

KRAUSE-GLUCKE-SAUCE MIT EIERN

VIOLETTER LACKTRICHTERLING MIT SAFRANREIS UND LAMMKOTLETTS

VIOLETTER LACKTRICHTERLING MIT SAFRANREIS UND LAMMKOTLETTS

1 Handvoll violetter Lacktrichterlinge · 250 g feiner Safranreis · 12 reife Kirschtomaten · 1 EL rote Pfefferbeeren · 1 TL frisch gemahlener schwarzer Pfeffer · 12 Lammkoteletts 1 EL Butterschmalz · 1 TL Puderzucker · 8 in Öl marinierte Tomaten (aus dem Glas) · Olivenöl zum Braten · Brunnenkresse zum Garnieren · Salz

Die Lacktrichterlinge vorsichtig putzen, bei Bedarf den Stiel etwas beschneiden.

Den Safranreis nach Packungsanleitung zubereiten.

Die Kirschtomaten putzen, einige Tomaten zum Garnieren beiseitelegen und die restlichen hacken. Die Pfefferbeeren in einem Mörser grob zerstoßen. Aus den Tomaten, den Pfefferbeeren, 1 Prise Salz und dem Pfeffer eine Mischung zum Einreiben der Lammkoteletts zubereiten.

In einer Pfanne bei mittlerer Temperatur Olivenöl erhitzen und die eingeriebenen Lammkoteletts von jeder Seite 3–4 Minuten braten, dann warm stellen.

In einer weiteren Pfanne das Butterschmalz erhitzen und den Puderzucker mit 1 Prise Salz zugeben. Die Lacktrichterlinge ganz kurz darin anbraten.

Die marinierten Tomaten mit dem Reis mischen. Lamm, Reis und Pilze auf Tellern anrichten und mit Kirschtomatenhälften und Brunnenkresse dekorieren.

WINTERTRÜFFEL

Tuber brumale, der Wintertrüffel, gilt als der „schwarze Diamant" unter den Pilzen. Der Trüffel aus der Gattung der Schlauchpilze und der Familie der Tuberaceae hat von September bis Januar Saison. Die Qualität der Trüffel im Allgemeinen und so auch der Wintertrüffel ist ähnlich wie beim Wein extrem vom Klima, der „richtigen" Bodenbeschaffenheit und dem Baumbestand abhängig. Es gibt also gute bis mäßige und schlechte Trüffeljahre. Besonders im Ahrgebiet und in Westfalen werden in Deutschland Trüffel, und eben auch Wintertrüffel, gefunden. Bei der Trüffelsuche geht ohne kundige „Spürnase" nichts. Wurden früher auch in Deutschland Schweine mit ihren durchaus feinen Nasen zur Trüffelsuche eingesetzt, wird der Wintertrüffel heute von speziell ausgebildeten Hunden aufgespürt – schließlich verfügen Hunde per se über einen 16-Mal stärker ausgeprägten Geruchssinn als der Mensch. Bei der Suche stößt man heute immer wieder auf Spuren von Wildschweinen, die sich an der Delikatesse gütlich getan haben. Der Fruchtkörper eines Wintertrüffels kann einen Durchmesser von etwa 2 bis 8 cm erlangen.

Der Wintertrüffel ist rund oder auch unregelmäßig zerklüftet, manchmal finden sich tiefe Einkerbungen. Seine schwarze Rinde ist flächendeckend mit Warzen übersät. Das Innere des Trüffels ist beigebraun in vielerlei Abstufungen und von weißen bis beigefarbenen, vielfach verzweigten Adern durchzogen. Duft und Geschmack hängen vom Terroir und der Reife des Pilzes ab, sie können ein riesiges Spektrum umfassen: Der Duft kann von einer feinen Haselnussnote bis leicht teerartig changieren, der Geschmack von leicht bitter-trüffelig bis nussartig. Beim Putzen von Trüffeln gilt es, sehr genau auf Löcher zu achten, in denen sich Maden verbergen könnten – da hilft nur großzügiges Ausschneiden; dem Trüffelgeschmack tut das aber keinen Abbruch. Ein Trüffel veredelt alle anderen Zutaten – der Fantasie sind dabei keine Grenzen gesetzt und die vorgestellten Rezepte können nur eine Anregung darstellen.

TRÜFFEL-TAGLIATELLE MIT SAHNESAUCE

60 g Wintertrüffel · 500 g Tagliatelle · 200 g Sahne · 4 cl Noilly Prat · ½ TL frisch geriebene Muskatnuss · 2 Eigelb · 1 EL Olivenöl · 30 g Parmesan · frisch gemahlener schwarzer Pfeffer

Die Trüffel gut abbürsten. Die Tagliatelle nach Packungsanleitung al dente kochen.

In einem Topf die Sahne für die Sauce aufkochen, Noilly Prat zugeben und alles leicht einkochen lassen. Muskatnuss dazugeben und mit Pfeffer würzen. Den Topf vom Herd nehmen und die Eigelbe kräftig unterrühren. Dann nochmals erhitzen, aber nicht kochen lassen, und nach Belieben nachwürzen.

Die Tagliatelle abgießen, mit Olivenöl verfeinern und mit der Sauce anrichten. Zum Servieren mit frisch geriebenem Parmesan bestreuen und die Trüffel großzügig darüberhobeln.

TRÜFFEL-CAMEMBERT

30 g Wintertrüffel · 60 g Mascarpone · ½ TL feines Olivenöl · 300 g feiner, fester Camembert · ½ TL Fleur de Sel · frisch gemahlener weißer Pfeffer

Die Hälfte des Trüffels klein schneiden und fein hacken. Die Trüffelstückchen mit dem Mascarpone und dem Olivenöl gut vermischen und würzen.

Den Camembert längs durchschneiden und den weichen Käse so auseinanderdrücken, dass eine „Tasche“ entsteht. Die Trüffelmischung in die aufgeschnittenen Camemberthälften füllen. Vorsichtig zusammendrücken und den Käse behutsam in eine Klarsichtfolie wickeln. Über Nacht im Kühlschrank ruhen lassen.

Vor dem Servieren den Käse auf einer Platte in Tranchen schneiden und bei Zimmertemperatur etwas „atmen“ lassen, damit sich die Aromen entfalten können. Den restlichen Trüffel darüberhobeln.

TRÜFFELTARTE

300 g Blätterteig (Fertigprodukt) · 500 g Hülsenfrüchte zum Blindbacken · 2 Schalotten · 30 g Butterschmalz · 150 g Schinkenspeck · 200 g Crème double · 60 g schwarzer Trüffel · 30 g Butter · Fleur de Sel · frisch gemahlener schwarzer Pfeffer

Den Backofen auf 200 °C vorheizen.

Den Blätterteig mindestens 15 Minuten vor der Verwendung aus dem Kühlschrank nehmen. Dünn ausrollen und auf ein mit Backpapier ausgelegtes Blech legen.

Den Teig zunächst mit Backpapier bedecken und darauf die Hülsenfrüchte zum Blindbacken geben, damit sich der Teig beim Backen nicht hochwölbt. Etwa 15 Minuten vorbacken – die Hülsenfrüchte können nach dem Backen leicht entfernt werden und sind wiederverwertbar. Danach den Teig mit Alufolie abgedeckt zum Warmhalten in den ausgeschalteten Ofen stellen.

Die Schalotten schälen und fein hacken. In einer Pfanne das Butterschmalz erhitzen und darin die Schalotten und die Schinkenspeckwürfel 15 Minuten dünsten. Die Crème double unterrühren und alles kräftig mit Pfeffer würzen.

Die Zwiebel-Schinkenspeck-Mischung auf dem vorgebackenen Blätterteig ausstreichen.

Den Backofen auf 150 °C vorheizen. Die Trüffel gut abwaschen und vorsichtig trocken tupfen. In sehr feine Scheiben hobeln und dicht nebeneinander auf dem Teig verteilen. Die Butter in Flöckchen daraufsetzen.

Die Tarte im heißen Ofen 3 Minuten warm werden lassen und vor dem Servieren mit Fleur de Sel und Pfeffer würzen.

TRÜFFEL MIT KÄSE-KARTOFFEL-PÜREE

1–2 Wintertrüffel (insgesamt 40–50 g) · 800 g mehligkochende Kartoffeln · 25 g Butter · 140 ml Vollmilch · 200 g Raclettekäse · 1 Prise frisch geriebene Muskatnuss · Fleur de Sel · frisch gemahlener weißer Pfeffer

Die Trüffel bei Bedarf putzen. Die Kartoffeln schälen und in mundgerechte Stücke schneiden. In kochendem Salzwasser 30 Minuten garen. Abgießen und etwas abkühlen lassen. Butter und Milch zugeben und mit einem Kartoffelstampfer zu Püree verarbeiten. Den Raclettekäse reiben, unterheben und das Püree mit Muskat, Salz und Pfeffer würzen.

Auf einer Platte anrichten und die Trüffel in dünnen Scheiben darüberhobeln.

TRÜFFELTARTE

TRÜFFEL AUF SPINAT MIT POCHIERTEN EIERN

TRÜFFEL AUF SPINAT MIT POCHIERTEN EIERN

40 g Trüffel · 600 g frischer Blattspinat (alternativ Giersch) · 3 Schalotten · 250 g Butter · 1 Prise frisch geriebene Muskatnuss · 20 ml weißer Essig · 8 Eier · Salz · frisch gemahlener schwarzer Pfeffer

Den Trüffel bei Bedarf säubern und den Spinat oder Giersch putzen. Die Schalotten schälen und fein würfeln.

In einer Pfanne die Butter zerlassen, die Schalottenwürfel darin andünsten und das Gemüse mitdünsten, bis keine Flüssigkeit mehr vorhanden ist. Mit Muskatnuss, Salz und Pfeffer würzen.

Die Eier pochieren: Dazu 1 l Wasser mit dem Essig beinahe aufkochen, die Temperatur sollte jedoch nicht höher als 70 °C sein. Das Wasser kräftig mit dem Schneebesen umrühren. Dabei die Eier nach und nach hineingleiten lassen – bei jedem Durchgang zwei Eier zubereiten. Das Wasser jetzt erneut aufkochen und die Eier 3 Minuten pochieren. Die Eier mit der Schaumkelle herausheben und die ungleichen Ränder nach Belieben etwas beschneiden.

Das Gemüse mit den pochierten Eiern anrichten und den Trüffel darüberhobeln.

TRÜFFEL AUF RINDFLEISCHCARPACCIO

40 g Wintertrüffel · 400 g Rinderfilet · 1–2 EL Olivenöl · 40 g Walnüsse · 40 g Staudensellerie, in feine Scheiben geschnitten · Fleur de Sel · frisch gemahlener weißer Pfeffer

Den Trüffel bei Bedarf säubern.

Das Rinderfilet in sehr dünne Scheiben schneiden. Die Scheiben nebeneinander zwischen Klarsichtfolie legen und hauchfein plattieren.

Einen Teller mit Olivenöl einpinseln und das Carpaccio darauf anrichten.

Die Walnüsse grob hacken und auf dem Carpaccio verteilen, ebenso mit den Selleriescheiben verfahren. Den Trüffel großzügig darüberhobeln und alles kräftig würzen.

ZUCHTPILZE

ZUCHTPILZE – DIE KULTIVIERTEN AROMENSPENDER

Der Champignon de Paris galt bereits am französischen Königshof des 17. Jahrhunderts als kulinarisches Highlight: Der delikate Geschmack seines wilden „Bruders“, des Wiesenchampignons, hatte zum Kulturversuch des begehrten Pilzes animiert – und dieser Versuch erwies sich nicht nur als erfolgreich, sondern auch als wegweisend für die Zucht von Pilzen im Allgemeinen. Allerdings sollte es noch weitere drei Jahrhunderte dauern, bis sich die Pilzzucht in größerem Stil durchsetzen würde. Immer noch umgeben für den Laien die abgedunkelten Hallen etwas Mystisches, in denen die aromenreichen Schätze heranreifen. Die Pilzsachverständige Brunhilde Noll kultiviert seit 1985 in Räumen des eigenen landwirtschaftlichen Betriebs im Taunus Pilzspezialitäten. In der Nollschen Pilzzucht und im Pilzhandel lässt sich wunderbar der Werdegang der Zuchtpilze verfolgen; die Chefin selbst beantwortet fachkundig alle Fragen und lüftet die Geheimnisse um die wundersame Vermehrung von Menschenhand.

Bei allen Pilzen, sowohl Wild- wie auch Zuchtpilzen, keimen die Sporen und es wachsen Pilzfäden (Hyphen) heran. Diese wiederum bilden miteinander das Myzel, den eigentlichen Pilz. Beim Sammel- und Zuchtobjekt, gemeinhin als „Pilz“ bezeichnet, handelt es sich lediglich um den Fruchtkörper, ähnlich einem Apfel am Baum. In der Natur gedeihen Pilzarten dort, wo sie ihren speziellen Bedürfnissen zuträgliche Bedingungen finden – und diese Bedingungen hinsichtlich der Temperatur, der Licht- und Feuchtigkeitsverhältnisse und der Ansprüche an das Substrat gilt es für Pilze in der Zucht so weit wie möglich nachzuempfinden. Inzwischen feiern Pilzexperten Zuchterfolge mit unzähligen Arten, vor allen Dingen der im Dunkeln gedeihende (weiße) Champignon wird in Europa in Massen angeboten und ist rund ums Jahr erhältlich. In Asien ist der kommerzielle Pilzanbau noch weiter verbreitet und die Erträge um ein Vielfaches höher; hier sind vor allem Austern- und Shiitake-Pilze gefragt. Doch die Natur bleibt in mancherlei Hinsicht einen Schritt voraus: Pilze, die in Symbiose mit Pflanzen gedeihen, etwa mit Bäumen, sind (noch) nicht züchtbar.

Wie aber geht der Züchter vor? Eine sterile Umgebung und absolute Sauberkeit, so Brunhilde Noll, seien das oberste Gebot für den Zuchterfolg. Und die gelernte Biologielaborantin weiß schließlich, wovon sie spricht. Das Leben eines Zuchtpilzes beginnt in einem speziellen Labor. Hier wird mit Bunsenbrenner, Mundschutz und Handschuhbox in keimfreier Umfeld gearbeitet. Ein erster Nährboden, etwa aus gelatineartigem Agar-Agar, wird mit den in Wasser aufgeschwemmten Sporen möglichst gleichmäßig beimpft. Man kann auch steril entnommene Pilzstückchen aus dem Inneren des Pilzes auf dieses Nährmedium aufbringen. Mit dieser ersten Nahrungsgrundlage wird der Pilz unter möglichst hygienisch einwandfreien Bedingungen auf seinen eigentlichen Nährboden übertragen. Bei diesen Substraten kann es sich, je nach Pilzart, um Stroh, kompaktes Holz, Sägemehl oder kompostierten Dung handeln. Die Kulturen werden in Kellergewölben, Bergwerksstollen, Höhlen oder eigens zur Pilzzucht errichteten Hallen aufgestellt. Je nach Pilzart wird bewässert, temperiert, belüftet oder die Lichtverhältnisse werden reguliert. Werden Pilze auf Baumstämmen gezüchtet, bieten sich Birke, Rotbuche, Weide, Eiche und Pappel an. Nadelgehölze sind wegen ihres Harzgehaltes nicht geeignet. Kulturen auf Holzstämmen sind robust und fühlen sich auch im Außenbereich bei natürlicher Witterung wohl. Allerdings ist der Ernteertrag dann wetterabhängig und kaum beeinflussbar. Nach unterschiedlicher Durchwachszeit, die bei vorgefertigtem Substrat zwischen ein bis sechs Monate, bei Holz aber zwischen zwölf bis 18 Monate nach der Impfung dauern kann, erscheinen die Fruchtkörper. Für die Ernte gilt das Gleiche wie für Wald- und Wiesenpilzen: Geerntet wird von Hand. Die Fruchtkörper dürfen keinesfalls abgeschnitten oder herausgerissen werden, sondern werden behutsam herausgedreht. Geerntet, verkauft und verzehrt werden die Pilze im Jugendstadium, kurz vor der endgültigen Reife.

Zuchtpilze sind das ganze Jahr über erhältlich. Sie sind ein Segen für die Küche, denn sie müssen nicht oder kaum gereinigt werden. Eine Verwechslungsgefahr mit äußerlich ähnlichen, aber giftigen Pilzen wird ausgeschlossen.

CHAMPIGNON

Agaricus bisporus, natürlich ein essbarer Speisepilz, hat als Zuchtpilz das ganze Jahr über Saison. Wie sein wildwachsender „Bruder" gehört auch der Zuchtchampignon zur Familie der Agaricaceae, der Champignonartigen. Die Pilze werden in unterschiedlichsten Größen angeboten, bei manchen Exemplaren ist die Größe des Hutes mit der einer Tomate vergleichbar. Wir verwenden in der Küche Champignons mit rein weißem oder braunem Hut. Dieser kugelige, geschlossene Hut, mit dem die Lamellen untrennbar verbunden sind, hat in der Regel einen Durchmesser von etwa 6 bis 9 cm. Die Sporen des Pilzes sind braun. Im Gegensatz zu den Lamellen ist der Stiel relativ leicht ablösbar; er ist etwa 5 bis 7 cm lang und besitzt einen Durchmesser von 1 bis 2 cm. Die Farbe des Fleisches ist weiß, verfärbt sich aber nach dem Anschnitt in ein zartes Rosa bis Gelb. Der Champignon mit der braunen Kappe ähnelt hinsichtlich Größe und Form dem weißen Champignon, aber einige unterscheidende Merkmale gibt es schon.

Nicht nur ist natürlich die Hutfarbe eine andere, der braune Champignon erweist sich im Geschmack als deutlich intensiver nussig. Der braune Champignon, zumeist in Höhlen angebaut, besitzt zudem eine festere Struktur und damit weniger Feuchtigkeit, das bedeutet, dass er beim Zubereiten weniger schrumpft. Zuchtchampignons gibt es in einer „Riesenausgabe" als Portobello-Champignons. Das macht sie vor allem in der Küche so beliebt: Sie bieten sich insbesondere an, gefüllt und gegrillt zu werden. Mit dem Riesenchampignon hat der Portobello-Champignon allerdings nichts zu tun. Sein Hut ist viel flacher und kann einen Durchmesser von bis zu 12 cm erreichen.

Alle Champignons duften zwar eher unauffällig, sind jedoch geschmacklich durchweg angenehm nussig. Frisch geschnitten und ein wenig geputzt, kann der Champignon in der Küche roh, gebraten, gefüllt und in vielen anderen Zubereitungsarten verwendet werden. Sogar als Dessert mit Schokoladenhaube hat der Champignon in der Küchenarena Einzug gehalten. Darüber hinaus lässt er sich einfrieren und trocknen. Der Champignon – einer der beliebtesten und bekanntesten Zuchtpilze in ganz Europa – ist für Hobbyköche, die noch über wenig Erfahrung in der Zubereitung verfügen, der ideale Pilz. So „pflegeleicht" der Zuchtchampignon in der Küche ist, so wenig anspruchsvoll ist er in der Zucht. Er benötigt Feuchtigkeit und ein moderndes, erdähnliches Substrat – aufgestellt in Kellerräumen, alten Bergwerksstollen oder Höhlen bei Temperaturen zwischen 18 bis 22 °C – und schon sprießt und gedeiht er üppig. Eine Verwechslung ist ausgeschlossen. Der Zuchtchampignon wird auf der ganzen Welt angebaut – in Afrika, Amerika, Asien und natürlich in Europa. Im feuchtwarmen Klima Asiens etwa werden bei mäßigem Aufwand Massen produziert.

BRAUNE CHAMPIGNONS MIT SCHOKOHAUBE

16 kleine braune Champignons · 20 cl Amaretto ·
200 g Zartbitterschokolade (mindestens 70 % Kakaoanteil)

Nach einer Idee der Pilzexpertin Brunhilde Noll:

Die Champignons vorsichtig mit einem feinen Pinsel säubern. Die bräunlichen Schnittstellen der Stiele plan abschneiden.

Die Pilze in eine Schüssel legen und mit dem Amaretto übergießen. 30 Minuten ziehen lassen.

In der Zwischenzeit die Schokolade in einem Topf im Wasserbad schmelzen.

Die Pilze abtropfen lassen und in die Mitte jeden Hutes einen Zahnstocher bis hinunter in den Stiel stecken. Die Champignons in die flüssige Schokolade tauchen. Danach mit den Zahnstochern auf einer festen Unterlage (z. B. Kork oder Styropor) befestigen. Kalt stellen, trocknen lassen und den großen Auftritt genießen. Ein ungewöhnliches Dessert – ungewöhnlich lecker!

BRAUNE CHAMPIGNONS MIT SCHOKOHAUBE

CHAMPIGNON-KARTOFFEL-PFANNE

CHAMPIGNON-KARTOFFEL-PFANNE

600 g weiße Champignons · 600 g festkochende Kartoffeln · 750 ml Gemüsebrühe · 2 Schalotten · 250 g Kirschtomaten · 1 TL rote Pfefferbeeren · 3 EL Butterschmalz · 2 EL gewürfelter roher Schinken · ½ TL Cayennepfeffer · 1 Prise frisch gemahlene Muskatnuss · Brunnenkresse zum Garnieren · Salz · frisch gemahlener schwarzer Pfeffer

Die Champignons bei Bedarf putzen und vierteln. Beiseitestellen. Die Kartoffeln schälen, in kleine Würfel schneiden und in der Gemüsebrühe 10 Minuten bissfest kochen.

Die Schalotten schälen und würfeln. Die Tomaten waschen, halbieren und den Strunk herausschneiden. Die Pfefferbeeren in einem Mörser grob zerkleinern.

In einer großen Pfanne das Butterschmalz zerlassen. Die Schalotten und den Schinken darin andünsten.

Die Kartoffeln abgießen, die Brühe dabei auffangen und beiseitestellen. Die Kartoffelwürfel in die Pfanne geben und die Champignons zufügen. Die Tomaten unterheben und alles 10 Minuten bei mittlerer Temperatur braten.

Mit den Pfefferbeeren, dem Cayennepfeffer und dem Muskat würzen und alles vorsichtig umrühren. Wer es ein wenig flüssiger mag, gießt etwas von der Gemüsebrühe an. Mit Salz und Pfeffer würzen.

CHAMPIGNONS IN MAISSUPPE

300g kleine weiße Champignons · 1 Zwiebel · 1 Knoblauchzehe · 1 Majoranzweig · 4EL Rapsöl zzgl. Öl zum Anbraten · 1 Dose Mais (400g) · 750 ml Gemüsebrühe · 200g Sahne · 1 Prise Cayennepfeffer · Saft und fein abgeriebene Schale von 1 unbehandelten Zitrone · 4 Scheiben durchwachsener Speck · Salz

Die Champignons putzen und die Stielenden abschneiden. Große Pilze halbieren, beiseitestellen.

Zwiebel und Knoblauch schälen und würfeln. Den Majoran waschen, trocken schütteln und die Blätter abzupfen. In einem Topf das Öl erhitzen und Zwiebel, Knoblauch und Majoran darin andünsten.

Den Mais, die Brühe und die Sahne zufügen und alles 20 Minuten köcheln lassen. Mit Salz und Cayennepfeffer abschmecken. Alles pürieren. Zitronensaft und -schale in die Suppe geben.

In einer Pfanne Öl erhitzen und die Pilze darin goldgelb anbraten, dann warm stellen. Den Speck ohne Fettzugabe in einer weiteren kleinen Pfanne knusprig braten und auf Küchenpapier abtropfen lassen.

Die Maissuppe nochmals kurz erhitzen, mit dem Pürierstab aufschäumen und auf vorgewärmte Teller verteilen. Die Pilze mit den Speckstreifen auf der Suppe anrichten.

BRAUNE-CHAMPIGNON-DUXELLES

400g kleine braune Champignons · 3 Schalotten · 200g durchwachsener Speck · 3EL Butterschmalz · 2cl Portwein · ½TL dunkle Sojasauce · 200g Crème double · 1EL Tomatenmark · 1 Spritzer Zitronensaft · 4 Pimpinellestängel · 4 Laugenbrötchen · 100g Frischkäse · Salz · frisch gemahlener schwarzer Pfeffer

Den Backofengrill auf mittlerer Stufe vorheizen.

Die Champignons putzen und vierteln. Die Schalotten schälen und fein würfeln, den Speck ebenfalls würfeln.

In einer Pfanne das Butterschmalz zerlassen. Schalotten und Speck darin gut anbräunen. Die Champignons dazugeben und mitschmoren. Mit dem Portwein und der Sojasauce ablöschen. Die Crème double zusammen mit dem Tomatenmark einrühren. Kräftig würzen und den Zitronensaft zugeben.

Die Pimpinelle waschen, trocken schütteln und einen Stängel für die Dekoration beiseitelegen. Die Blätter der anderen Stängel in die Pilz-Duxelles (die dunkle, gebratene Farce) geben.

Die Laugenbrötchen halbieren und etwas aushöhlen. Mit Frischkäse füllen und die Farce daraufgeben. Diese „Brotzeit" 5 Minuten im Ofen grillen.

BRAUNE-CHAMPIGNON-DUXELLES

AUSTERNSEITLING

Beim auch „Austernpilz" genannten **Pleurotus ostreatus** handelt es sich um einen schmackhaften Speisepilz, der im gut sortierten Lebensmittelhandel das ganze Jahr über erhältlich ist. Der Austernpilz wächst als Zuchtpilz nicht nur auf Holzsubstraten, sondern kann sogar auf Stroh gezüchtet werden. Er gehört zur Familie der Pleurotaceae (Seitlingartige). Austernpilze wachsen in Büscheln. Ihre Lamellen stehen eng; sie laufen am Stiel hinunter, bis sie sich verästeln. Der Stiel der Austernseitlinge ist ausgesprochen kurz. Der Hut jeden Pilzes kann eine enorme Größe, nämlich bis zu 20 cm im Durchmesser, erreichen. Solange der Pilz jung ist, ist sein Hutrand eingerollt, bei älteren Exemplaren kann er leicht einreißen. Die Haut des in seiner Form an eine Auster erinnernden Hutes – ihr verdankt der Pilz seinen Namen – ist glatt. Das Fleisch des Pilzes ist weiß und fest, manchmal leicht bräunlich.

In der Küche hat der vielseitig verwendbare Austernpilz einen Stammplatz, denn sein Geschmack ist angenehm würzig und die Konsistenz sehr fleischig. Deshalb wird der fein-„pilzig" duftende und außerdem recht eiweißhaltige Austernpilz auch gern als Fleischersatz verwendet, etwa wie ein Schnitzel gebraten. Auch als Bestandteil von Mischpilzgerichten behauptet er seinen Platz. Mit seinem hohen Vitamin-C-Gehalt stärkt er die Abwehrkräfte und ist wirksam gegen Entzündungen.

Verwechslungen gibt es nur mit dem wild wachsenden Austernseitling, der in Geschmack und Geruch etwas intensiver als die Zuchtform ist.

GOLDKÄPPCHEN

Pholiata nameko oder, wie der Pilz auch heißt, das Japanische Stockschwämmchen, der Toskanapilz oder einfach Nameko gehört zur Familie der Träuschlingsverwandten, der Strophariaceae, und zur Gattung der Schüpplinge. Bei uns in Europa ist das Goldkäppchen nur als Zuchtpilz erhältlich und deshalb das ganze Jahr über für die Zubereitung in der Küche verfügbar. Seine zarten Lamellen sind gelbbraun, sie sind am Stiel angewachsen. Der kleine kugelige Hut ist orangefarben und dabei leicht getüpfelt. Bisweilen scheint seine Oberfläche zu glänzen; der Glanz rührt von ein wenig Schleim her, der aber beim Verarbeiten und Genuss nicht störend wirkt. Wer möchte, kann kurz mit einem feuchten Küchentuch sanft über den Hut wischen, der dadurch sofort trocken wird. Der Stiel ist in der oberen Hälfte oder dem oberen Drittel hellgelb bis ocker und bisweilen von weißem Flaum bedeckt. Unterhalb des festen Rings, der etwa auf der Hälfte des Stiels sitzt, ist der Stiel orange-braun geschuppt. Das Fleisch des Goldkäppchens ist knackig und fest.

Im asiatischen Raum kommt das Goldkäppchen nicht nur wildwachsend vor, er ist auch einer der beliebtesten Speisepilze, der in der japanischen oder chinesischen Küche auf vielfältige Weise zubereitet wird. Der Geschmack ist nussig und wird als delikat bezeichnet. Im Duft erinnert der Pilz an frische Aprikosen. Eine Besonderheit dieses guten Speisepilzes ist seine Fähigkeit, beim Garen viel Stärke abzugeben. So erhalten Suppen und Saucen bei der Zubereitung gleich eine natürliche Sämigkeit. In der asiatischen Küche hat das Goldkäppchen, wie erwähnt, einen ganz besonderen Platz, aber auch in unserer europäischen Küche verleiht er etwa angebraten vielen Nudelgerichten eine raffinierte Note. Seine vielseitige Verwendbarkeit gibt der Kochkreativität großen Spielraum.

AUSTERNPILZE MIT RUCOLA UND RINGELBLUMEN

1 Schalotte · 800 g Austernpilze · 3 EL Olivenöl zzgl. Öl zum Anbraten des Knoblauchs · 1 Bund Rucola · 4 Ringelblumenblüten · 2 Knoblauchzehen · 1 EL Zitronensaft · Meersalz · frisch gemahlener schwarzer Pfeffer

Die Schalotte schälen und in feine Scheiben schneiden. Die Austernpilze bei Bedarf putzen und in breite Scheiben schneiden. In einer Pfanne bei mittlerer Temperatur das Olivenöl erhitzen und die Pilze sowie die Schalotten darin anbraten.

Den Rucola putzen und die Blütenblätter der Ringelblume abzupfen, eine Blüte für die Dekoration beiseitelegen.

Den Knoblauch schälen, fein hacken und in einer kleinen Pfanne in etwas Öl anbraten, dann zu den Austernpilzen geben.

Die Austernpilzmischung mit dem Rucola und den Blütenblättern mischen. Mit Zitronensaft, Salz und Pfeffer würzen und sofort servieren.

AUSTERNPILZ-KÄSE-CREMESUPPE

500 g Austernpilze · 2 EL Butterschmalz · 1 mittelgroße Zwiebel, gewürfelt · 1 l Milch · 200 g Sahne · 3 EL Crème fraîche · 3 EL doppelgriffiges Mehl · 100 ml Gemüsebrühe · 1 Ecke Schmelzkäse · 1 Bund Kerbel · Salz · frisch gemahlener schwarzer Pfeffer

Die Austernpilze bei Bedarf putzen und in mundgerechte Stücke schneiden.

In einem Topf bei mittlerer Temperatur das Butterschmalz zerlassen und Zwiebel darin glasig werden lassen. Anschließend die Austernpilze zugeben.

Die Milch mit der Sahne und der Crème fraîche in den Pilztopf rühren. In einer Tasse das Mehl mit kaltem Wasser glatt rühren und mit der Gemüsebrühe ebenfalls in den Pilztopf geben. Alles einmal aufkochen lassen und dann die Temperatur reduzieren. Gute 30 Minuten köcheln lassen und dabei immer wieder umrühren.

Dann den Schmelzkäse in Stückchen unterrühren, die Suppe salzen und pfeffern.

Den Kerbel waschen, trocken schütteln, fein schneiden und vor dem Servieren über die Suppe streuen.

AUSTERNPILZE MIT RUCOLA UND RINGELBLUMEN

GOLDKÄPPCHEN-BÄRLAUCH-CREMESUPPE

GOLDKÄPPCHEN-BÄRLAUCH-CREMESUPPE

500 g frische Goldkäppchen · 2 Schalotten · 1 Bund Bärlauch · 250 g mehligkochende Kartoffeln · 2 EL Butter · 500 ml Gemüsebrühe · 200 g Sahne · 1 Bärlauchblüte zum Garnieren · 1 Stängel Bärlauch mit Früchten zum Garnieren · Salz · frisch gemahlener schwarzer Pfeffer

Die Pilze von Substratresten reinigen und klein schneiden, einige kleine Pilze für die Dekoration beiseitelegen. Die Schalotten schälen und fein würfeln.

Die Bärlauchblätter waschen, 2–3 Blätter zum Garnieren beiseitelegen und die übrigen Blätter in feine Streifen schneiden. Die Kartoffeln schälen und grob würfeln.

In einem Topf die Butter zerlassen und die Schalotten darin dünsten. Pilze und Kartoffelwürfel zugeben und alles mit Brühe aufgießen. Die geschnittenen Bärlauchblätter zufügen. Den Deckel aufsetzen und alles 10 Minuten bei niedriger Temperatur köcheln lassen. Die Sahne zugießen und nochmals alles aufkochen. Das Ganze mit dem Mixstab pürieren und abschmecken.

Mit ganzen Bärlauchblättern, Goldkäppchenhüten, der Bärlauchblüte und den -früchten garniert servieren.

GOLDKÄPPCHEN-OMELETT

400 g Goldkäppchen · 150 g Frischkäse · 200 g Sahne · 1 Schalotte · ½ Bund Schnittlauch · 2 Eier · 2 EL Butter · Salz · frisch gemahlener schwarzer Pfeffer

Die Goldkäppchen von Substratresten reinigen und zerkleinern.

Den Frischkäse vorsichtig mit den Pilzen verrühren und die Sahne unterheben.

Die Schalotte schälen und fein würfeln. Den Schnittlauch putzen und in feine Ringe schneiden. Alles zusammen in eine Schüssel geben und die Eier unterrühren, salzen und pfeffern.

In einer Pfanne die Butter zerlassen. Aus der Eiermischung darin ein goldgelbes Omelett braten. Dazu schmeckt ein frischer bunter Salat.

KRÄUTERSEITLING

Der **Pleurotus eryngii** oder Königsausternpilz wird in Deutschland beziehungsweise in Europa vor allem als Zuchtpilz angeboten. Als solcher hat der Kräuterseitling das ganze Jahr über Saison. Der Kräuterseitling gehört zur Familie der Pleurotaceae, also zu den Seitlingsartigen. Er kann eine Größe von bis zu 25 cm erreichen. Sein Hut ist von grau-brauner Farbe in helleren bis dunkleren Schattierungen. Er ist weich und samtig, dabei leicht wellig eingerollt. Die Sporen des Pilzes sind weiß und verändern ihre Farbe im Reifezustand bis hin zu einem Gelb-Orange. Die weißen Lamellen sind weich „flatternd" und abstehend; sie laufen weit am Stiel hinab und sind dabei mit ihm verbunden. Der weiße Stiel besteht aus festem, aber dennoch zartem Fleisch.

So unaufdringlich angenehm der Duft des Kräuterseitlings ist, so auffällig ist seine sehr feine Nussnote, die durchaus mit der des Steinpilzes zu vergleichen ist. Wie gut die Qualität des Zuchtpilzes ist, hängt davon ab, wie sorgsam der einzelne Pilzzüchter mit dem Substrat umgeht, auf dem der Pilz wächst; es sollte jedenfalls unbedingt keimfrei sein. Beim Kauf empfiehlt es sich, darauf zu achten, wie lange die Pilze schon lagern, das Stielende darf auf keinen Fall trocken sein. Der Stiel darf keine bräunlichen, eingebuchteten Flecken aufweisen.

In der Küche sind den Zubereitungsmöglichkeiten vom Rohkostsalat bis zum aufwendigen Pfannengericht keine Grenzen gesetzt. Überdies sind Kräuterseitlinge wie fast alle Zuchtpilze nicht madig und müssen weder geputzt noch gewaschen werden. Darüber hinaus sind diese Pilze echte „Gesundheitsapostel": Sie enthalten wie alle Pilze wertvolle Vitamine (unter anderem A und C) und Mineralstoffe, sind kalorienarm und fettfrei.

Eine Verwechslungsgefahr des Kräuterseitlings mit anderen Pilzen gibt es nicht.

KRÄUTERSEITLINGE IN WARMEM KARTOFFELSALAT

400 g Kräuterseitlinge · 600 g kleine festkochende Kartoffeln · 2 Schalotten · 1 Knoblauchzehe · 1 Thymianzweig · 3 EL Rapsöl · 1 TL Fenchelsamen · 200 ml warme Gemüsebrühe · 4 EL Weißweinessig · 2 EL Pflanzenöl · ½ Bund Schnittlauch · Salz · frisch gemahlener schwarzer Pfeffer

Die Kräuterseitlinge putzen und in dünne Scheiben schneiden. Die Kartoffeln abbürsten und mit der Schale in Salzwasser kochen.

Die Schalotten schälen und würfeln. Den Knoblauch ebenfalls schälen und zerdrücken. Den Thymian waschen, trocken schütteln und die Blätter abzupfen.

In einer Pfanne bei mittlerer Temperatur das Rapsöl erhitzen und die Schalotten und den Knoblauch darin dünsten. Die Thymianblätter und den Fenchel unterrühren. Die Mischung in eine größere Schüssel füllen.

Die Kartoffeln noch warm pellen, in Scheiben schneiden und ebenfalls in die Schüssel geben. Alles mit der Gemüsebrühe übergießen und mit dem Essig beträufeln. In einer Pfanne das Pflanzenöl bei hoher Temperatur erhitzen. Die Kräuterseitlinge darin goldbraun braten. Unter den Kartoffelsalat heben und alles 15 Minuten ziehen lassen.

Währenddessen den Schnittlauch putzen und in Röllchen schneiden. Zum Servieren üppig über den Kartoffel-Pilz-Salat streuen.

KRÄUTERSEITLINGE IN BALSAMICO MIT SALBEI

600 g kleine, möglichst gleich große Kräuterseitlinge · 24 frische Salbeiblätter · Rapsöl zum Braten · Balsamico zum Beträufeln · Fleur de Sel · frisch gemahlener schwarzer Pfeffer

Den Stiel der Kräuterseitlinge bei Bedarf kürzen und die Pilze halbieren.

In einer großen Pfanne bei mittlerer Temperatur reichlich Rapsöl erhitzen und die Kräuterseitlinge darin rundum goldbraun anbraten. Dann kräftig salzen und pfeffern. Die Pilze mit einem Schaumlöffel herausheben und auf Küchenpapier abtropfen lassen.

Im Pilzfett die Salbeiblätter rösten und dabei immer wieder wenden, damit sie nicht anbrennen.

Pilze und Salbeiblätter in eine große flache Schale legen und mit Balsamico beträufeln. Für 2 Stunden ziehen lassen. Dazu schmeckt ein frisches Baguette.

KRÄUTERSEITLINGE UND BLUMENKOHL AUS DER PFANNE

500 g Kräuterseitlinge · 1 Blumenkohl (800 g) · 3 Schalotten · Saft und fein abgeriebene Schale von 1 unbehandelten Zitrone · 50 g Walnusskerne, gehackt · 1 Prise Zucker · 2 EL Walnussöl · 3 EL Rapsöl · 4 Stängel glatte Petersilie · 40 g Parmesan, gehobelt · Salz · frisch gemahlener schwarzer Pfeffer

Die Kräuterseitlinge putzen und in kleine Stücke schneiden. Den Blumenkohl putzen und in Röschen zerteilen. Den Strunk in gleich große Stücke schneiden. Die Schalotten schälen und fein würfeln. Die Schale der Zitrone abreiben und den Saft auspressen.

Die Walnusskerne in eine kleine Schüssel füllen. Den Zucker zufügen und alles mit dem Walnussöl, der Zitronenschale und dem -saft vermischen. Beiseitestellen.

In einer großen Pfanne das Rapsöl bei mittlerer Temperatur erhitzen und die Schalotten darin andünsten. Anschließend darin die Strunkwürfel, die Blumenkohlröschen und die Kräuterseitlinge 5 Minuten goldgelb braten. Die Petersilie waschen, trocken schütteln und die Blätter grob schneiden.

Die Blumenkohl-Pilz-Mischung salzen und pfeffern. Die Walnussölmischung darübergeben. Auf Tellern anrichten und zum Servieren die Petersilie und den Parmesan darüberstreuen.

MARINIERTE KRÄUTERSEITLINGE MIT ESTRAGON UND KAPERN

Für 4 Gläser: 1 kg Kräuterseitlinge (aus dem gut sortierten Gemüsefachhandel) · 1 TL Salz · 150 ml Weißweinessig · 1 Prise Zucker · 1 Bund Estragon · 10 Stück Langpfeffer · 1 Stück frischer Ingwer (1 cm) · 1 Glas Apfelkapern mit Stiel · 3 TL kalt gepresstes Öl

Die Kräuterseitlinge mit Küchenpapier reinigen und in gleich große Stücke schneiden. Beiseitestellen.

In einem Topf 1 l Wasser mit Salz, Essig und Zucker verrühren. Den Estragon waschen, trocken schütteln und zusammen mit dem Langpfeffer ebenfalls in den Topf geben. Alles aufkochen, dann die Pilze zugeben und 10 Minuten in diesem Sud kochen. Den Topf vom Herd nehmen und die Pilze zugedeckt 1 Tag marinieren lassen.

Die Pilze aus dem Sud nehmen und diesen noch einmal aufkochen, anschließend durch ein Sieb passieren. Pilze und Kapern in den Sud geben. In saubere verschließbare Gläser füllen. Das Öl erhitzen und die Gläser damit auffüllen, sodass der Inhalt mit Öl bedeckt ist. Die marinierten Kräuterseitlinge halten sich mindestens 6 Monate und schmecken ausgezeichnet zu kaltem Fleisch oder auch schlicht und einfach zu knusprigen Bratkartoffeln.

SHIITAKE

Lentinula edodes, syn. Lentinus edodes hat, wie alle Zuchtpilze, uneingeschränkt Saison. Der Shiitake („Take“ bedeutet „Pilz“), Pasaniapilz, Tongu oder Winterpilz – auch unter diesen Bezeichnungen ist der Shiitake bekannt – gehört zur Familie der Schwindlingsverwandten, der Marasmiaceae. Erkennbar ist er an den am kurzen, wie aufgeraut wirkenden Stiel hinunterlaufenden Lamellen. Die Farbe des Hutes beim frischen Pilz umfasst ein Spektrum von Cremefarben bis Hellbraun. Der Hut ist dickfleischig, leicht gewellt und nach unten gewölbt. Auffallend ist der zarte Flaum auf der Hutoberfläche, der flockenartig durch die sich einrollenden Huthautfasern entsteht.

Erwähnenswert ist vor allem das Aroma des Pilzes. Es wird als „umami“, herzhaft, bezeichnet. Bestimmten Fleischsorten und anderen eiweißreichen Lebensmitteln wird diese Geschmacksrichtung zugeschrieben, die auf ein Glutamat, das die Geschmacksnerven in der Zunge reizt, zurückzuführen ist. Der Duft ist aromatisch mit einer leichten Knoblauchnote. In der Zubereitung ist er generell unkompliziert und vielseitig, wird aber vorzugsweise in asiatischen Gerichten verwendet. In der chinesischen und japanischen Küche ist er unverzichtbar. Einer kulinarischen „Beziehung“ mit reifen Tomaten ist er auch nicht abgeneigt. Frisch gekauft halten sich Shiitake-Pilze gut gekühlt bis zu 10 Tage. Der Shiitake kann in frischem oder getrocknetem Zustand verwendet werden; getrocknet ist sein Aroma sogar noch intensiver. In Deutschland ist er nicht wild beheimatet. In der Zucht jedoch kann er in Mengen kultiviert werden und garantiert eine reiche Ernte, wenn auch erst nach einem Jahr.

Wie bei den anderen Zuchtpilzen bereits erwähnt, gibt es bei den Zuchtpilzen keine Verwechslungsgefahr.

SHIITAKE-RISOTTO MIT RINDERFILETSTREIFEN

4 Schalotten · 3 EL Olivenöl zzgl. Öl zum Anbraten · 400 g Risottoreis · 50 ml Weißwein · Gemüsebrühe zum Aufgießen · ½ Bund frischer Kerbel · 200 g Shiitake · 100 g Parmesan · 200 g Rinderfilet · Fleur de Sel · Salz · frisch gemahlener schwarzer Pfeffer

Die Schalotten schälen und würfeln. In einem großen Topf das Olivenöl erhitzen und die Schalotten darin glasig werden lassen.

Den Risottoreis zugeben und mit den Schalotten in der Pfanne schwenken, dann mit dem Weißwein ablöschen. Immer wieder mit etwas Gemüsebrühe aufgießen und den Reis die Flüssigkeit aufnehmen lassen. Dabei ständig rühren und gar köcheln lassen. Der Reis sollte gar sein, aber noch Biss haben.

Den Kerbel waschen, trocken schütteln und grob hacken. Die Shiitakepilze vierteln. In einer weiteren Pfanne Olivenöl erhitzen und die Pilze darin anbraten, kräftig würzen. Dann unter den Risotto heben. Den Parmesan darüberhobeln und ebenfalls vorsichtig unterheben. Aus der Pfanne nehmen und kurz warm stellen.

Das Rinderfilet parieren und in feine Streifen schneiden. In der Pilzpfanne die Filetstreifen von beiden Seiten ganz kurz anbraten. Mit Fleur de Sel und Pfeffer abschmecken. Auf dem Risotto platzieren und mit frischem Kerbel bestreuen.

SHIITAKE IN ORANGEN-KÜRBISKERNÖL-MARINADE

600 g Shiitake · 4 EL Kürbiskernöl · 1 Knoblauchzehe · fein abgeriebene Schale von 1 unbehandelten Orange · ½ TL Cayennepfeffer · ½ TL leicht angedrückte rote Pfefferbeeren · 1 EL Kürbiskerne · 2 EL Rapsöl · 300 g Crème fraîche · Salz · frisch gemahlener schwarzer Pfeffer

Die Pilze bei Bedarf putzen, dann halbieren.

Das Kürbiskernöl in eine Schüssel füllen. Den Knoblauch schälen und in das Kürbiskernöl pressen. Die Orangenschale, den Cayennepfeffer und die Pfefferbeeren dazugeben und alles zu einer Marinade verrühren. Die Pilze hineinlegen.

In einer trockenen Pfanne die Kürbiskerne anrösten, beiseitelegen. In der Pfanne bei mittlerer Temperatur das Rapsöl erhitzen und die marinierten Pilze kräftig darin anbraten, salzen und pfeffern.

Die Pilze mit der Crème fraîche vermengen und die Kürbiskerne unterheben. Nach Belieben noch einmal nachwürzen. Dazu schmecken Kartoffeln vom Blech.

MISO-SUPPE MIT SHIITAKE

8 Shiitake · 50 g Zuckerschoten · ½ rote Paprika ·
2 Frühlingszwiebeln · 100 g Seidentofu · 5 EL rote Miso-Paste (Sojapaste)

Von den Shiitakepilzen die Stiele abschneiden. Vier Köpfe ganz lassen und beiseitelegen. Die übrigen vier Pilze in Streifen schneiden.

Die Zuckerschoten putzen und in schräge Segmente schneiden. Die Paprika putzen, entkernen und in feine Streifen schneiden.

Die Frühlingszwiebeln putzen und vier Stücke von 2 cm Länge abschneiden. Diese Stücke viermal längs bis fast zum Ende schneiden, sie sollten jedoch noch verbunden bleiben. In kaltes Wasser legen, damit sie sich für die Dekoration entfalten. Die übrigen Frühlingszwiebeln in feine Scheiben schneiden. Den Seidentofu würfeln.

In einem Topf 750 ml Wasser aufkochen und die Pilze darin 2 Minuten kochen. Das geputzte Gemüse (bis auf die Frühlingszwiebeln für die Dekoration) zugeben und alles weitere 2 Minuten kochen lassen. Die Tofuwürfel zufügen und dann den Topf vom Herd ziehen. Die Miso-Paste mit etwas Suppe glatt rühren und anschließend unter die Suppe geben. Den Topf wieder aufsetzen und die Suppe bei mittlerer Temperatur erhitzen, aber nicht mehr kochen. Mit den Frühlingszwiebeln und den beiseitegelegten Shiitakeköpfen garnieren und servieren.

MISO-SUPPE MIT SHIITAKE

ENOKI

Vielfältig und aussagekräftig sind die Namen des **Flammulina velutipes**: Samtfuß, Samtfußrübling, Winterpilz oder Schneepilz wird der feine Speisepilz, der auch roh schmeckt, ebenfalls genannt. Der Enoki ist ein ganzjährig gezüchteter Pilz und gehört zu den weltweit am weitesten verbreiteten Zuchtpilzen. Er gehört zur Familie der Physalacriaceae, der Rindenschwammartigen. Beim jungen Enoki handelt es sich um einen zarten, aber festen weißen Pilz mit langem Stiel und kleinem Kopf, der aber durch eine bestimmte Zuchtmethode erzeugt wird. Der Hut älterer Pilze ist von einem hellen Orange. Das weiße Fleisch kann bei älteren Exemplaren hellgelb und zäh werden, der zarte Stiel dick, behaart und dunkelbraun. Der junge kegelige Hut wird später flach und braun. Die feinen Lamellen des Enoki sind angewachsen und er gedeiht in Büscheln. Wie sein Verwandter, der goldbraune Golden Enoki, ist er im Geschmack leicht süßlich und mild, sein Duft ist fein und zart. Der Enoki kommt auch wild wachsend in milden Wintern, von Herbst bis zum Frühjahr, vor und ist auf dem Holz von Laubbäumen und an Sträuchern zu finden. Diese Formen zeichnen sich durch intensive Farben und kräftiges Wachstum aus.

Der Enoki weist neben seinen geschmacklichen Qualitäten gleich mehrere Vorzüge auf: Er muss weder gewaschen noch geputzt werden, sondern ist gleich fertig zum Verzehr. Die Pilze haben außerdem eine recht lange Haltbarkeit. Solange sie nicht luftdicht verpackt sind, können sie mindestens 10 Tage in der Kühlung für eine spätere Verwendung aufbewahrt werden.

Mit seinem fruchtigen Aroma ist der Enoki der optimale Begleiter für Salate und kalte Speisen, ein Fischtartar etwa rundet er geschmacklich ab.

SHIMEJI

Hypsizygus tessulatus, auch Buchenpilz, Buchenrasling oder Holzrasling, gehört zur Familie der Ritterlingsverwandten, der Tricholomataceae. Dieser überaus schmackhafte Speisepilz ist als Zuchtpilz ganzjährig erhältlich. Es gibt ihn in den Farben Weiß und Braun – die weiße Variante wird in absoluter Dunkelheit gezüchtet. Der Shimeji wächst in sehr dichten Büscheln. Die einzelnen Pilze haben lange, gebogene, nach oben schmaler werdende Stiele und relativ kleine halbrunde Hüte. Die Pilze erreichen eine Größe von etwa 2 bis 4 cm. Ihre Lamellen laufen nicht am Stiel hinab.

Das Aroma des Shimeji erinnert leicht an Bittermandel, sein Geschmack ist würzig mit eindeutigem Nussaroma. Der Shimeji erweist sich in der Küche als unkompliziert zuzubereitender Allrounder: Er wird nicht nur kochfertig angeboten, seine Haltbarkeit währt recht lange, nämlich bis zu 8 Tage im Kühlschrank, allerdings darf er nicht luftdicht verpackt werden. Der gesamte Pilz mit Stiel und Hut ist vielseitig verwendbar und kombinierbar – ob gebraten, gekocht oder gedünstet –, sogar die Stiele sind essbar. Seine feste, fast knackige Konsistenz passt wunderbar zu Kartoffeln, Fisch und Meeresfrüchten. Auffällig ist, dass das Pilzfleisch auch nach der Zubereitung weiß bleibt. Vor allem im asiatischen Raum ist der Shimeji verbreitet, kommt in Europa aber auch wild vor, nämlich in der Nähe von Laubbäumen.

ENOKI IM SALATSCHIFFCHEN

Für die Mayonnaise: 1 g Safranfäden · 3 Eigelb · 1 TL scharfer Senf · 250 ml neutrales Öl · 1 EL Zitronensaft · Salz · frisch gemahlener schwarzer Pfeffer
2 Romanasalatherzen · 1 Scheibe Toastbrot · 50 g Butter · 150 g Enoki · 150 g Macadamianüsse

Für die Mayonnaise die Safranfäden in 1 EL heißem Wasser ziehen lassen. Alle Zutaten bei Zimmertemperatur verarbeiten, damit nichts gerinnt: In einer Schüssel mit einem Schneebesen die Eigelbe mit dem Senf gut verquirlen. Dann tröpfchenweise das Öl zulaufen lassen, bis zum Schluss die Konsistenz von Mayonnaise erreicht ist. Den Zitronensaft zugeben und abschmecken. Zuletzt die Safranfäden mitsamt der Flüssigkeit unter die Mayonnaise geben, die sich dann färbt. Kühl stellen.

Die Salatherzen mit einem scharfen Messer halbieren und jeweils den Strunk entfernen. Die inneren gelben Blätter heraustrennen, sodass die Salathälften wie Schalen gefüllt werden können. Die dicken weißen Blattadern entfernen und die Salatblätter an den Seiten ein wenig in die Breite ziehen.

Die Toastbrotscheibe in kleine Würfel schneiden. In einer Pfanne die Butter zerlassen und die Brotwürfel darin bräunen. Die Enokipilze an den Stielenden vom Substrat befreien und die Pilze vereinzeln, sie müssen nicht gewaschen und geputzt werden. Die Makadamianüsse halbieren und in einer heißen Pfanne ohne Fett leicht rösten.

In den vorbereiteten Salatschiffchen die Enokipilze anrichten. Die Toastbrotwürfel und die Macadamianüsse darüberstreuen. Zum Servieren die Mayonnaise auf Salat und Pilzen verteilen.

ENOKI MIT FORELLENFILETS AUF RISOTTO

1 Schalotte · 4 EL Butter · 200 g Risottoreis · 100 ml Weißwein · 600 ml Gemüsebrühe · fein abgeriebene Schale von ¼ unbehandelten Zitrone · 50 g Parmesan, frisch gerieben · ½ TL Kurkuma · 4 Forellenfilets mit Haut (je 125 g) · 2 EL Zitronensaft · 100–150 g Enoki · Butterschmalz zum Braten · Kresse zum Dekorieren · Salz · frisch gemahlener weißer Pfeffer

Die Schalotte schälen und fein würfeln. In einem Topf 1 EL Butter zerlassen. Die Schalotte darin glasig anschwitzen. Den Risottoreis zufügen und so lange mitdünsten, bis auch er glasig ist. Die Hälfte des Weins zugießen und vom Reis aufnehmen lassen, dann die andere Hälfte des Weins zugießen und wieder aufnehmen lassen. So viel Brühe zugeben, bis der Reis bedeckt ist.

Die Zitronenschale zugeben. Immer wieder umrühren und weiter Flüssigkeit aufnehmen lassen, bis der Reis gar ist und noch Biss hat. Das dauert ungefähr 20 Minuten. Die Zitronenschale entfernen. Den Parmesan, Kurkuma und die restliche Butter unter den Risotto rühren und würzen.

Die Fischfilets mit Zitronensaft beträufeln und etwas ziehen lassen. Vorsichtig mit Küchenpapier trocken tupfen, salzen und pfeffern. In einer Pfanne bei mittlerer Temperatur das Butterschmalz erhitzen. Die Filets darin auf der Hautseite braun anbraten, dann wenden. Währenddessen die Stiele der Enoki kürzen und die Pilze zum Ende der Garzeit kurz mit in die Pfanne geben. Zum Anrichten die Fischfilets mit den Enokipilzen auf den Risotto legen und mit Kresse bestreuen.

ENOKI IM SALATSCHIFFCHEN

SHIMEJI AUF LINSENSALAT

SHIMEJI MIT SCHWEINEMEDAILLONS

400 g Shimeji (weiße oder braune) · 500 g kleine Drillingskartoffeln · 50 g Butter · 2 Thymianzweige · 10 Kirschtomaten · 400 g Schweinefilet · 4 Eier · 150 g gehackte Mandeln · 3 EL Butterschmalz · Salz · frisch gemahlener schwarzer Pfeffer

Die Stiele der Shimeji-Pilze etwas kürzen. Die Pilze vereinzeln und beiseitestellen.

Die Kartoffeln waschen und mit Schale 15 Minuten in gesalzenem Wasser kochen, abgießen. In einer Pfanne die Butter bei hoher Temperatur zerlassen. Die Kartoffeln mit den Thymianzweigen dazugeben, knusprig braten und die Pfanne warm stellen. Die Tomaten waschen, halbieren und den Strunk herausschneiden.

Das Schweinefilet parieren und in vier gleich große Medaillons schneiden. Flach klopfen und gut würzen. In einem tiefen Teller 2 Eier verquirlen, in einen weiteren tiefen Teller die Mandeln geben. Das Fleisch zunächst durch das Ei ziehen, dann in den Mandeln wälzen. In einer Pfanne 2 EL Butterschmalz zerlassen und die Medaillons von jeder Seite 3 Minuten anbraten.

In einer weiteren Pfanne das restliche Butterschmalz zerlassen, die Pilze würzen und 5 Minuten darin braten. Die Tomatenhälften zufügen und mit anbräunen. Die übrigen beiden Eier verquirlen und über die Pilz-Tomaten-Mischung geben.

Schweinemedaillons, Kartoffeln und Pilze anrichten und die Thymianzweige als Dekoration anlegen.

SHIMEJI AUF LINSENSALAT

300 g rote Linsen · 1 EL körnige Gemüsebrühe · 1 Schalotte · 1 Knoblauchzehe · 1 Chilischote · 2 EL Öl zzgl. Öl für den Salat · 2 EL rote Currypaste · 6 EL Naturjoghurt · 8 EL grob gehackte geröstete Erdnüsse · 50 g Butter · 200 g weiße Shimeji · 1 Bund Koriandergrün · 250 g gemischter Salat · 2 EL Balsamico · Salz · frisch gemahlener schwarzer Pfeffer

Die Linsen in reichlich Wasser mit der Gemüsebrühe für 10 Minuten kochen lassen, bis sie bissfest sind. Danach sofort unter kaltem Wasser abbrausen, damit sie nicht zerfallen.

Schalotte und Knoblauch schälen und fein hacken. Chilischote halbieren, entkernen und dann fein schneiden.

In einem Topf das Öl erhitzen. Schalotte, Knoblauch und Chili darin anschwitzen und dann die Currypaste einrühren. Mit einem Schuss Wasser ablöschen. Die Linsen, den Joghurt und die grob gehackten Erdnüsse mit der Currymischung verrühren. In einer Pfanne die Butter erhitzen und die Shimeji-Pilze kurz darin anschwitzen. Salzen und pfeffern.

Den Koriander waschen, trocken schütteln und die Blätter grob schneiden. Mit dem Salat mischen und diesen mit einem Dressing aus Balsamico, Öl, Pfeffer und Salz anmachen.

Zum Anrichten den Linsensalat mithilfe von zwei Löffeln als Nocken auf einer Platte anrichten, rundherum mit dem Salat garnieren und die angedünsteten Shimeji-Pilze darauflegen. Mit einigen Tropfen Balsamico beträufeln und sofort servieren.

LIMONENSEITLING

Pleurotus citrinopileatus, der Zitronengelbe Seitling oder auch Zitronenseitling gehört zur Familie der Pleurotaceae und wird von den Züchtern von Anfang Mai bis zum Spätherbst geerntet. Zum Wachsen braucht er Wärme. Wie sein Verwandter, der Austernpilz, wächst er in Büscheln zu mehreren nebeneinander und erweist sich in der Zucht als ebenso robust wie dieser. Seine Lamellen sind weiß und laufen am ebenfalls weißen Stiel hinab, der nicht mittig unter dem Hut ansetzt. Wie sein Name schon erahnen lässt, ist sein dickfleischiger Hut zitronengelb; er hat einen Durchmesser von bis zu 6 cm und fühlt sich samtig-trocken an.

Im Duft unauffällig, hat sein Aroma allerdings mit Zitronen nichts zu tun, es ist fruchtig mit einer leichten Anisnote. Diese doch recht eigenwillige Geschmacksnote, dem Kerbel sehr ähnlich, macht ihn nicht mit vielen Zutaten kombinierbar. In der asiatischen Küche allerdings bleibt ihm dafür genügend Raum zur kulinarischen Entfaltung. Als Farbtupfer wird er roh gern zu Dekorationszwecken eingesetzt, er ist dann ein richtiger Hingucker – in einem grün-gelben Thai-Curry etwa setzt er Akzente. Beim Anbraten allerdings verliert er seine knallige Farbe und wird beige-braun. Zu erwähnen sind auch die lindernden Wirkungen seiner Inhaltsstoffe bei Atemwegserkrankungen.

ROSENSEITLING

Pleurotus djamor, syn. P. salmoneostramineus, der Rosenseitling oder Flamingoseitling, wie er auch genannt wird, gehört zur Familie der Pleurotaceae und wird in der Zucht von Anfang April bis in den Spätherbst geerntet. Zum Wachsen braucht er viel Wärme, allerdings keine direkte Sonneneinwirkung, und viel Feuchtigkeit. Wie seine „Verwandten", die Austernpilze und Limonenseitlinge, wächst er in Büscheln und weiß allein durch seine auffällige Farbe sehr zu beeindrucken. Dazu kommt noch der ausgefallene Wuchs in Form einer Rose, der er auch seinen Namen verdankt. Rosafarbene Lamellen laufen verhältnismäßig breit bis zum kaum zu erkennenden hellen, sehr knappen Stiel herab. Die Hüte erinnern an üppige Rosenblätter und sind trocken, dabei etwas samtig, und können bis zu 7 cm im Durchmesser groß werden. Der Rosenseitling gehört zu den Edelpilzen.

In Asien kulinarisch seit Langem sehr beliebt und begehrt, fasst er jetzt auch langsam in Europa Fuß. Sein Duft ist auffällig, fast scharf, sein Aroma erinnert an das von Lachsschinken. Bei der Verarbeitung verliert sich die Schärfe des Geruchs ebenso wie auch die rosa Farbe: Sie wechselt in einen Orangeton. Wer den rosigen Originalton als Farbtupfer im Gericht behalten möchte, wendet den Pilz nur ganz kurz in der Pfanne – das reicht bei seinem zarten Fleisch völlig aus. Geschmacklich und auch optisch passt er wunderbar zu Spargelgerichten. In der asiatischen Küche ist der Rosenseitling, wie erwähnt, ganz zu Hause und wird in vielen Gerichten verarbeitet.

LIMONENSEITLINGSALAT MIT MOZZARELLA

400 g Limonenseitlinge · 100 g Rucola · 2 Mozzarella-Kugeln (je 125 g) · 4 EL Essig · 2 EL Olivenöl · ½ TL Kümmel · ½ TL Fenchelsamen · 1 roter Chili · 2 Stängel Basilikum · 4 Minzeblätter · 1 EL Butterschmalz · Salz · frisch gemahlener schwarzer Pfeffer

Die Limonenseitlinge an den Stielenden von möglicherweise noch anhaftenden Substratresten befreien und beiseitelegen. Den Rucola putzen und die Stiele eventuell etwas kürzen. Den Mozzarella erst in Scheiben und dann in Streifen schneiden.

Den Essig mit dem Olivenöl mischen, dann Kümmel, Fenchel, Salz und Pfeffer unterrühren.

Die Chilischote waschen, entkernen und in Ringe schneiden; dabei am besten Handschuhe tragen. Basilikum und Minze waschen und trocken schütteln. Die Blätter fein schneiden und mit den Chiliringen unter die Vinaigrette heben.

In einer Pfanne das Butterschmalz erhitzen und die Limonenseitlinge ganz kurz durch das heiße Fett ziehen. Auf Teller legen und würzen. Mit dem Rucola und den Mozzarellastreifen anrichten. Die Marinade mit einem Löffel großzügig darüberträufeln.

LIMONENSEITLINGSALAT MIT ORANGEN

250 g Limonenseitlinge · 600 g festkochende Kartoffeln · 200 g Pflücksalat · 2 unbehandelte Orangen · 1 Knoblauchzehe · 2 Frühlingszwiebeln · 4 Zitronenthymianzweige · 2 EL Rapsöl · 4 Hähnchenbrustfilets (je 70 g) · 50 g Butterschmalz zzgl. Schmalz zum Anbraten · Fleur de Sel · frisch gemahlener weißer Pfeffer

Die Stiele der Limonenseitlinge von Substratanhaftungen befreien. Beiseitelegen.

Die Kartoffeln schälen und in Salzwasser 20 Minuten kochen. Abgießen und abkühlen lassen. Den Salat putzen und abtropfen lassen. Von einer Orange die Schale abreiben und den Saft auspressen. Die andere Orange schälen, auch die weiße Haut entfernen, in Scheiben schneiden und diese halbieren. Den Knoblauch schälen und halbieren. Die Frühlingszwiebeln putzen und in Scheiben schneiden. Den Zitronenthymian waschen und trocken schütteln.

Die Kartoffeln in feine Scheiben schneiden. In einer Pfanne das Rapsöl erhitzen und die Kartoffeln darin goldbraun anbraten.

Die Hähnchenbrustfilets kräftig würzen. In einer weiteren Pfanne das Butterschmalz erhitzen und das Hähnchenfleisch darin von beiden Seiten mindestens 5 Minuten gut durchbraten. Aus der Pfanne nehmen und warm stellen. In dieser Pfanne die Limonenseitlinge ganz kurz anbraten, sodass ihre gelbe Farbe noch erhalten bleibt.

Die Pilze mit den Kartoffeln und dem Pflücksalat auf einer Platte anrichten.

Die Orangenscheiben in derselben Pfanne mit etwas Butterschmalz anbraten, die Frühlingszwiebeln, den Knoblauch und die Zitronenthymianzweige zugeben. Den Orangensaft zugießen und zum Schluss den Abrieb zufügen. Die Pfanne vom Herd nehmen, alles salzen und pfeffern.

Die Hähnchenbrustfilets quer aufschneiden, auf dem Salat anrichten und den Orangensud darübergießen.

LIMONENSEITLINGSSALAT MIT MOZZARELLA

ROSENSEITLINGE MIT LACHS

ROSENSEITLINGE MIT LACHS

8 weiße Spargelstangen · 4 EL Butterschmalz · 2 Lachstranchen (je 150 g) · 400 g Rosenseitlinge · 1 Bund Schnittlauch, geputzt und die Hälfte in Röllchen geschnitten · 4 Rosmarinzweige mit Blüten · Zitronenspalten zum Garnieren

Den Spargel schälen und halbieren. In einer Pfanne bei hoher Temperatur 1 EL Butterschmalz erhitzen und den Spargel darin von beiden Seiten 2 Minuten anbraten. Den Spargel dann sofort aus der Pfanne nehmen. In einer zweiten Pfanne 2 EL Butterschmalz erhitzen und den Lachs auf beiden Seiten, aber zuerst auf der Hautseite, jeweils 2 Minuten anbraten. Beiseitestellen und ruhen lassen.

Die Rosenseitlinge von möglicherweise noch anhaftendem Substrat befreien. In der zuerst benutzten Pfanne das übrige Butterschmalz erhitzen und die Rosenseitlinge darin nur einmal kurz durchschwenken, damit sie ihre Rosenfarbe nicht verlieren.

Lachs, Spargel und Rosenseitlinge auf vorgewärmten Tellern anrichten. Mit Schnittlauch, Rosmarin und Zitronenspalten dekorieren.

ROSENSEITLINGE MIT KNOBLAUCHCREME UND PASTA

300 g Rosenseitlinge · 2 Knoblauchknollen · 200 g Crème double · 2 Thymianzweige · 500 g Spaghetti · 2 EL Butterschmalz · Salz · frisch gemahlener weißer Pfeffer

Den Backofen auf 170 °C vorheizen.

Die Rosenseitlinge an den Stielen von Substratanhaftungen befreien und etwas auseinanderzupfen. Beiseitelegen.

Die Knoblauchknollen im Backofen in einer ofenfesten Schale für 45 Minuten oder bei Bedarf länger backen – sie sollen weich sein. Etwas abkühlen lassen und dann das Fruchtfleisch aus den Schalen drücken. In einem kleinen Topf die Crème double erwärmen und das Knoblauchmus unterrühren. Warm stellen.

Die Thymianzweige waschen, trocken schütteln und die Blätter abzupfen. Die Spaghetti in kochendem Salzwasser nach Packungsanleitung al dente kochen. Währenddessen in einer Pfanne das Butterschmalz erhitzen und die Rosenseitlinge darin durchschwenken. Gut würzen.

Die Spaghetti abgießen und mit der Knoblauchcreme mischen. Auf Tellern anrichten, die Rosenseitlinge auf die Nudeln legen und die abgezupften Thymianblätter darüberstreuen.

POM-POM BLANC

Hericium erinaceus, der Igel-Stachelbart, Affenkopfpilz oder die Löwenmähne, wächst ganz vereinzelt auch in freier Natur, vor allem in Asien. Allerdings ist sein Erscheinen in den Wäldern Deutschlands so selten, dass Pilzsammler es besser bei der Bewunderung seines auffallenden Äußeren belassen und zu gezüchteten Exemplaren greifen sollten. Der köstliche Speisepilz gehört zur Familie der Stachelbartverwandten, der Hericiaceae, und hat als Zuchtpilz immer Saison, besonders aber gedeiht er im Frühjahr.

Das Gesamtbild erinnert an den Kopf einer asiatischen Affenart mit langer, üppiger Mähne. Der Pom-Pom blanc hat keinen oder nur einen ganz kurzen, kaum erkennbaren Stiel. Sein Fruchtkörper kann eine Größe von bis zu 30 cm im Durchmesser erreichen. Die unzähligen herabhängenden, dicht aneinandergereihten weichen Fasern, die sein typisches Merkmal darstellen, sind ungefähr 2 mm dick und können bis zu 5 cm lang werden. Die Farbe des Fleisches ist weiß und von fester Konsistenz.

Der außerordentlich delikate Geschmack des Pom-Pom blanc erinnert an Geflügel- oder Kalbfleisch. Der Duft ist feinfruchtig, ein wenig wie Zitrone. In der Küche muss der Pilz kaum geputzt, lediglich ein wenig ausgeschüttelt werden. Ist ein Stiel vorhanden, sollte dieser abgeschnitten werden, schon ist der Pilz fertig für die Zubereitung – und die Möglichkeiten dazu sind vielfältig. In Asien wird der Pilz außerdem als Heilmittel hochgeschätzt; wegen seines hohen Anteils an essentiellen Aminosäuren wird er inzwischen auch in Europa zur Produktion von Naturheilmitteln eingesetzt.

FRISÉEPILZ

Hericium coralloides, der Ästige Stachelbart, ist ein fein schmeckender Zuchtpilz. Er wächst im Herbst, wenngleich zurückhaltend, auch in europäischen Breitengraden, steht aber auf der Roten Liste der gefährdeten Arten. Da er mühelos gezüchtet werden kann, besteht keine Notwendigkeit, ihn in der Natur zu sammeln. Der Pilz aus der Familie der Stachelbartverwandten, der Hericiaceae, kann in seiner ganzen Pracht auf morschen Stämmen von Laubbäumen bewundert werden, so etwa von Birken, Buchen, Eichen oder Pappeln. Als Zuchtpilz auf Holzsubstrat herangezogen, erscheint zunächst eine kleine, filigrane Kugel, die allerdings schon feine Verästelungen aufweist, die dem Pilz seinen Namen geben. Während des weiteren Wachstums bilden sich aus einem einzigen Strunk kommend seine Federbüschen gleichenden „Korallenäste" aus. Ihre filigrane Schönheit ist einzigartig unter den Pilzen und zieht die Blicke auf sich.

Die Farbe des Fleisches vom Ästigen Stachelbart ist weiß bis zartcremefarben, dabei von recht fester Konsistenz. Wird der Pilz älter, wird das Fleisch sehnig und zäh. Im Geschmack zeigt sich der Friséepilz fein nussig, sein Duft erinnert an frischen Wald. Da er sich im Zuchtbetrieb durchgesetzt hat, ist er auf den meisten gut sortierten Pilzfarmen erhältlich.

Seine auffällige Form lässt kaum erahnen, dass er sich in der Küche problemlos zubereiten lässt. Den noch jungen Pilz in seiner kugeligen Form schneidet man in Scheiben und brät diese mit einigen Gewürzen in der Pfanne goldbraun an. Befindet sich der Pilz bereits im Aststadium, werden die Scheiben einfach durch erhitztes Butterschmalz gezogen – und schon wird er zu einer knusprigen Köstlichkeit. Dazu passen ebenfalls knusprig gebratene Beilagen wie Zucchini oder Karotten.

POM-POM BLANC AUF FELDSALAT

600g Pom-Pom blanc · 500g Feldsalat · 4 knackige süß-saure Äpfel · 4EL Butterschmalz · 4EL Apfelessig · 1TL Orangensenf · Saft und fein abgeriebene Schale von 1 unbehandelten Orange · 9EL Olivenöl · 1EL gehackte glatte Petersilie · Salz · frisch gemahlener weißer Pfeffer

Den Pom-Pom blanc vorsichtig putzen und ausschütteln. Den kleinen Stiel abschneiden. Dann den Pilz in fingerdicke Scheiben schneiden und gut würzen.

Den Feldsalat putzen. Die Äpfel schälen, vierteln und die Kerngehäuse entfernen. Die Viertel in feine Spalten schneiden.

In einer Pfanne 2EL Butterschmalz erhitzen und die gewürzten Pilzscheiben von beiden Seiten goldbraun anbraten. Die Apfelspalten dazugeben und kurz mitbraten, dann alles warm stellen.

Essig, Senf und Orangensaft gut vermischen. Das Olivenöl zugeben und die Vinaigrette kräftig würzen. Den Feldsalat anrichten und mit der Vinaigrette beträufeln. Die Pom-Pom-blanc-Scheiben mit den Apfelspalten darauf anrichten.

Zum Schluss die Orangenzesten und die gehackte Petersilie darüberstreuen. Ein kräftiges Bauernbrot passt dazu hervorragend.

POM-POM BLANC MIT SCHWEINEFILET

1 mittelgroßer Pom-Pom blanc (400g) · 800g Schweinefilet am Stück · 1EL Paprikapulver · 2 Fenchelknollen mit Grün · 8 Karotten · 5EL Butterschmalz · 1 Prise Zucker · 2 Eier · 200g Paniermehl · Salz · frisch gemahlener schwarzer Pfeffer

Den Pom-Pom blanc vorsichtig abputzen. Den kleinen Stiel abschneiden und den Pilz in 1 cm dicke Scheiben schneiden. Das Schweinfilet parieren (säubern und von Sehnen befreien). Ebenfalls in Scheiben schneiden, etwas plattieren und kräftig mit Salz, Pfeffer und Paprikapulver würzen.

Den Fenchel putzen und in Scheiben schneiden. Das Fenchelgrün waschen, trocken schütteln und beiseitelegen. Die Karotten schälen und ebenfalls in Scheiben schneiden.

In einer Pfanne 2EL Butterschmalz erhitzen. Die Karottenscheiben darin leicht anbraten, die Fenchelscheiben zugeben und alles für 10 Minuten braten. 1 Prise Zucker darüberstreuen und würzen. Das Gemüse aus der Pfanne nehmen und warm stellen, die Pfanne mit dem Fond beiseitestellen.

In einer zweiten Pfanne 2EL Butterschmalz erhitzen und die Schweinefilets darin hell braten.

In einem tiefen Teller die Eier verquirlen, in einen weiteren Teller das Paniermehl geben. Die Pom-Pom-blanc-Scheiben salzen, pfeffern und erst im Ei und anschließend im Paniermehl wenden. In der Gemüsepfanne das restliche Butterschmalz erhitzen und die Pilzscheiben darin von beiden Seiten jeweils 4 Minuten bei niedriger Temperatur goldbraun braten.

Auf vorgewärmten Tellern die Filets, die Pilzscheiben, die Karotten- und Fenchelscheiben anrichten. Etwas von dem heißen Butterschmalz darüberträufeln, mit Fenchelgrün dekorieren und mit einem frischen Baguette servieren.

POM-POM BLANC MIT SCHWEINEFILET

FRISÉEPILZE MIT ARTISCHOCKEN

FRISÉEPILZE MIT ARTISCHOCKEN

600 g Friséepilze · 4 Feigen · 1 Spritzer Zitronensaft · 4 Artischocken · 1 Prise Zucker · 2 EL Butterschmalz · 200 g Romanescoröschen · 6 EL Weißweinessig · 1 TL Feigensenf · 1 EL Pistazienkerne · 3 EL feines Öl nach Belieben · Salz · frisch gemahlener schwarzer Pfeffer

Von den Friséepilzen eventuell noch anhaftenden Substratboden abschneiden. Den Friséestrunk nur mit einem Küchentuch abreiben und das Stielende abschneiden. Die Pilze in dickere Scheiben schneiden und beiseitelegen.

Die Feigen halbieren. In einem Topf gesalzenes Wasser aufkochen und den Zitronensaft zufügen. Die Artischocken ins kochende Wasser geben und den Zucker einstreuen. Bei geschlossenem Deckel gut 20 Minuten kochen lassen, dann die Artischocken warm stellen.

In einer Pfanne 1 EL Butterschmalz erhitzen und die Romanescoröschen darin 5 Minuten braten. Das Gemüse herausnehmen und warm halten. Die Pfanne kann später weiterverwendet werden.

Für die Vinaigrette den Essig mit dem Feigensenf gut vermischen. Von den Pistazienkernen einige für die Dekoration beiseitelegen, die restlichen in einem Mörser fein mahlen. Zu den gemahlenen Pistazien das Öl langsam zufließen lassen und dabei alles gut zu einer bröseligen Paste verrühren. Nach Belieben salzen und pfeffern.

Die Pfanne wieder auf den Herd stellen und das restliche Butterschmalz darin erhitzen. Die Friséepilze darin goldbraun anbraten. Pilze, Artischocken, Romanescoröschen und Feigen auf einem Teller anrichten. Zum Schluss die übrigen Pistazien über die Pilze streuen und alles mit der Essig-Senf-Vinaigrette zum Dippen servieren.

FRISÉEPILZE ASIATISCH

500 g Friséepilze · 1 rote Zwiebel · 5 EL Sesamöl · 2 Stängel Zitronengras · 1 Knoblauchzehe · 1 Schuss helles Bier · 2 EL Fischsauce · 1 Prise Zucker · 4 Frühlingszwiebeln · ½ TL rote Currypaste · Salz · frisch gemahlener Pfeffer

Die Friséepilze ausschütteln, auseinanderzupfen und von den Stumpfenden, wenn vorhanden, das Substrat abschneiden. Beiseitelegen.

Die Zwiebel schälen und in feine Ringe schneiden. In einer Pfanne 3 EL Sesamöl sanft erhitzen und die Zwiebel darin anbraten.

Das Zitronengras putzen und fein schneiden. Die Knoblauchzehe schälen, ebenfalls fein hacken und beides zu der Zwiebel in die Pfanne geben. Das Ganze knusprig braun braten. Dann mit dem Bier ablöschen und die Fischsauce mit Zucker unterrühren.

Die Frühlingszwiebeln putzen und in grobe Ringe schneiden, zu den übrigen Zutaten geben. Die Currypaste unterrühren.

In einer weiteren Pfanne das übrige Sesamöl erhitzen und die Friséepilze durch das heiße Öl ziehen, sodass sie ein wenig knusprige Bräune annehmen. Salzen und pfeffern.

Die asiatische Paste und die Pilze mit Reis servieren, scharf gebratene Hähnchenbrustfilets passen gut dazu.

ZUCHTPILZPFANNE

900 g verschiedene Zuchtpilze (z. B. Shiitake, Kräuterseitlinge, Goldköpfchen, Austernseitlinge) · 2 rote Zwiebeln · 3 frische Thymianzweige · 3 EL Traubenkernöl · 200 g roher Schinken, gewürfelt · Salz · frisch gemahlener weißer Pfeffer

Die Pilze, falls nötig, säubern und in gleich große Stücke schneiden oder halbieren.

Die Zwiebeln schälen und in grobe Würfel schneiden.

Die Thymianzweige waschen, trocken schütteln und die kleinen Stängel abzupfen.

In einer Pfanne bei hoher Temperatur das Traubenkernöl erhitzen (es ist hoch erhitzbar, ohne rauchig zu schmecken). Die Zwiebeln darin anbraten. Die Pilze zugeben und zügig kross braten. Die Schinkenwürfel zugeben und alles vorsichtig verrühren. Nach 10 Minuten sind alle Pilze bissfest gar.

Den Thymian darüberstreuen und zurückhaltend salzen, aber gut pfeffern und sofort servieren.

ZUCHTPILZPFANNE

REZEPT- UND PILZREGISTER SAMMELZEITEN

REZEPTE NACH PILZSORTEN

Zuchtpilze

REZEPTE ALPHABETISCH

PILZREGISTER

Wald- und Wiesenpilze

Zuchtpilze

WALD- UND WIESENPILZE

PILZE	JANUAR	FEBRUAR	MÄRZ	APRIL	MAI	JUNI
Bleigrauer Bovist						
Echter Knoblauchschwindling						
Echter Pfifferling						
Fichtenreizker						
Gemeiner Birkenpilz						
Dunkler Hallimasch						
Herbsttrompete						
Krause Glucke						
Maronenröhrling						
Parasol						
Perlpilz						
Pfefferröhrling						
Schopftintling						
Semmelstoppelpilz						
Speisemorchel						
Speisetäubling						
Steinpilz						
Stockschwämmchen						
Violetter Lacktrichterling						
Violetter Ritterling						
Wiesenchampignon						
Wintertrüffel						
Ziegenlippe						

SAMMELZEITEN

DANK AN DIE MITWIRKENDEN

DANKSAGUNG

Der unendlichen Vielfalt an essbaren Naturpilzen und Zuchtpilzen gerecht zu werden, war eine Mammutaufgabe. Dabei haben der Autorin wahre »Pilzpersönlichkeiten« hilfreich und kompetent zur Seite gestanden.

Das ist ein großes Dankeschön wert:
Brunhilde Noll und ihr Ehemann von der Pilzfarm Noll
waren jederzeit als unermüdliche Helfer zur Stelle.

Günter Großmann, ebenfalls Pilzsachverständiger,
hat enormes Wissen und seine Naturpilzdarstellungen eingebracht, so dass sich jeder Sammler die genannten Pilze gut vorstellen kann. Seinem »Pilz-Netzwerk« entstammen zwei weitere kompetente Naturpilz-Fotografen:

Kriemhild Müller verdanken wir die Darstellungen von Semmelstoppelpilz, Speisetäubling und Herbsttrompete.

Karl Wehr verdanken wir die Darstellung des Knoblauchschwindlings.

Was wären die besten Pilzrezepte ohne den richtigen Auftritt!
Für die Präsentation der Gerichte bedanken wir uns bei
STUDIO b GmbH & Co. Inneneinrichtungen KG, Darmstadt und Wiesbaden,
das die Mitwirkung der Firma

ALESSI s.p.a., Italia

ermöglichte. So erscheinen die Gerichte auf, in und mit wunderschönem Geschirr, Pfannen und Bestecken in besonderem Glanz.

Besonders zu erwähnen sind noch die vielen außergewöhnlichen Requisiten, die das Studio Langanke, Walluf, zur Verfügung gestellt hat und die den Studioaufnahmen das besondere Flair verleihen. Ein herzliches Dankeschön

Besonderer Dank an mein Team:
mit viel Einfühlsamkeit hat Dana Kula, Kommunikationsdesignerin, Wiesbaden, wie immer alle Probleme zu beseitigen gewusst.
Verantwortlich für das Zusammenspiel spannender, ganz unterschiedlicher fotografischer Betrachtungsweisen sind:
Katja Langanke, Wiesbaden, mit ihren strahlenden Studioaufnahmen für die Darstellung des Food-Designs,
Iris Kaczmarzyk, Wiesbaden, für die Naturbilder und die einmaligen Zuchtpilzaufnahmen,
Günther Großmann, Neuss, für die Naturpilzaufnahmen.

Die textliche einfühlsame Zusammenfassung lag wie immer in guten Händen von Sabine Durdel-Hoffmann, Essen.

Last but not least ein Dankeschön an die Redaktion vom Fackelträger Verlag, Köln, für die gute Zusammenarbeit.